사노라면

사노라면

2025년 5월 30일 초판 1쇄 발행

글　　　이주형

펴낸이　원미경
펴낸곳　도서출판 산책
기획　　구윤민
편집　　김미나　한지호

등록　　1993년 5월 1일 춘천80호
주소　　강원특별자치도 춘천시 우두강둑길 185
전화　　(033)254_8912
이메일　book8912@naver.com

ⓒ 이주형 2025
ISBN 978-89-7864-170-8　정가 15,000원

이 도서는 강원특별자치도, 강원문화재단 후원으로 발간되었습니다.

사노라면

글 · 이주형

머리글
사노라면

살다 보면
가끔은
사는 게 힘들고 지쳐 모든 것이 무너져 내릴 것만 같을 때
모든 걸 포기하고 싶을 때
주저앉은 자신의 등을 쓸어주며 '괜찮다' 안아주고 싶지만
그게 어디 말처럼 쉽게 되던지요
어찌 매일 즐겁고 좋은 일만 있기를 바라겠는지요
아리도록 아픈 날도 서럽도록 외롭고 괴로운 날도 있게 마련이지요
운명에 차인 상처와 사람들과의 관계에서 빚어진
아픔과 서운함이 왜 없겠는지요
그래도 스스로 상처 난 마음을 꿰매고
연고라도 바르는 법을 알게 될 때까지
많은 세월이 필요함을 알게 되더이다

가슴속에 묻어둔 말의 무덤들이 수없이 많지만
어찌 할 말 다 하며 살 수 있겠는지요
수시로 관 뚜껑을 열려고 꿈틀거리는 말들을
달래야만 할 때도 있는 법이지요
웃는 얼굴을 하면서도 속울음이 날 때도 있고
괴롭고 슬프더라도 웃어야 할 때도 있더이다
그렇게 나조차 속이며 살아가는 날들이 왜 없겠는지요
끓어오르는 불편한 심사는 벗어버리려 해도
한겨울 매서운 칼바람에 겹겹이 껴입은 속옷처럼
불편하고 거북스러워하면서도
자신의 마음마저도 제대로 다스리지 못해
체한 듯 더부룩한 삶을 살아갈 때도 있는 법이지요

하 많은 인연이지만
만나면 기분 좋아지고 마음이 편안해지는 인연이 있는가 하면
애타게 그립고 만나고 싶어도 만날 수 없는 인연도 있게 마련이지요
만나면 알 수 없는 불편함과 서먹함에도
어쩔 수 없이 얼굴을 마주 대해야 하는 인연도 있는 법이지요
내키지는 않지만 어쩔 수 없이 같은 길을 걸어야 할 때도 있고
얼떨결에 속까지 내주며 실없이 웃어야 하는 일도 생기게 되더이다
삼백예순날 하루 같이 사랑하며 살아도 모자랄 인연이지만
어찌 모두 다 내 맘 같기를 바라겠는지요
어찌 모든 일마다 마음먹은 대로 되길 바라겠는지요
살다 보면 투정 부리다 곤히 잠든 손주 녀석의 머리를 쓰다듬고
까르르 웃어주던 손녀의 모습을 바라보다가
문득 어머니가 그리워지고
아버지가 보고 싶어지는 날이 있더이다

밤낮으로 엎드려 죽어라 일만해도
가난의 허방에서 헤어나지 못해 허우적거리고
흐르다 말라버린 강바닥처럼 깊게 패인 주름을 쓸어내리며
고단한 삶의 무게를 차마 벗어던질 수 없었던 아버지와
뒤꼍에서 몰래 숨어 내쉬던 어머니의 한숨과
정화수 떠 놓고 빌고 빌던 장독대에 남아있는 눈물자국은
햇살마저도 그 한숨과 눈물 앞에선 어쩔 줄 몰라 하더이다
차마 벗어던질 수 없었던 삶의 무게를 견뎌오신 아버지와
장독대에서 흘렸던 어머니의 눈물과 기도가
오늘까지 나를 지켜주었다는 사실을
뒤늦게 깨닫게 되는 오늘입니다
아직도 보일 것만 같은 어린 날의 기억 때문에
가슴이 저려오는 오늘입니다

차례

• 머리글_사노라면 … 4

제1부 ___ 나를 힘들게 했던 날들

한 눈으로 보는 세상 … 12 초등학교 7학년 … 16
도시락 … 20 스승의 날 … 24
집이란 무엇인가 … 28 잠든 아내 모습 … 32
묵은 책값 … 36 황토방 … 40

제2부 ___ 추억이란 이름과 만나는 시간 들

감정 노동자의 애환 … 46 마음 약한 것도 병일까 … 50
역지사지 … 54 뻐꾸기 우는 사연 … 58
앨범 속에서 다시 만난 사람 … 62 잊힌다는 건 … 66
카드대란 … 70 경춘선 열차 … 74
별을 마신 밤 … 78

제3부 ___ 내가 살아가는 이유

우리 엄마 … 84 아버지 … 88
아버지들의 항변 … 92 아버지로 산다는 것 … 96
부부로 산다는 것 … 100 냄새가 추억을 부를 때 … 104
남자의 눈물 … 108 너는 누구냐? … 112
그리움 … 116 아름다운 손 … 120
며느리에게 보내는 편지 … 124

제4부 ___ 은퇴 후의 삶

글 농사 … 130
나는 네가 한 일을 알고 있다 … 138
베이비 붐 세대 … 146
아날로그에 대한 향수 … 154

나이 듦에 관하여 … 134
모기와의 전쟁 … 142
고추 심는 날 … 150
나는 착한 임대인 … 158

제5부 ___ 이제야 보이는 풍경들

고향 … 164
낙엽을 태우면서 … 172
둥지 … 180
일편단심 민들레 … 188
겨울나무 … 196

가을 예찬 … 168
눈에 대한 단상 … 176
오월의 숲길 … 184
한밤의 산책 … 192
며느리 밥풀 꽃 … 200

제6부 ___ 가슴을 아리게 하는 모습들

고요 속의 외침 … 206
돌봄의 굴레 … 214
연탄 배달 하던 날 … 222
나는 위로의 말을 하지 않기로 했다 … 230
헤어지기 싫어서 … 234

또 다른 언어 … 210
송구영신 … 218
이별도 아름다울 수 있다면 … 226

• 맺음말 … 238

누구나 남들에게 말하지 못하는 아픔과 고통을 한 가지쯤은 갖고 있지 않을까?
그렇기에 마음의 고통 앞에서는 모두가 공평하고 평등한지도 모를 일이다.

제1부

나를 힘들게 했던 날들

한 눈으로 보는 세상

은행으로 검은 안경을 끼고 흰 지팡이를 짚은 시각장애인이 들어섰다.

통장 개설을 위해 청원경찰의 안내를 받고 있었다. 그의 목소리가 얼마나 우렁차던지 뒷자리까지 들렸다. 언젠가, 어디선가 들어본 듯한 귀에 익은 목소리라는 생각이 들었다. 이름을 물어보는 직원의 질문에 익숙한 이름이 들린다. 그 친구가 맞다는 확신이 들어 객장으로 나가 그의 얼굴을 확인해 보았다. 비록 검은 안경을 끼고 있지만 바로 그 친구의 얼굴을 알아볼 수 있었다.

같은 부대에서 근무하진 않았지만, 내가 눈을 다쳤을 때 같이 국군통합병원에 입원해 있던 전우였다. 20여 년 만에 기적처럼 만났다. 그 친구는 야맹증으로 후송되어 입원 치료를 받았고, 그가 먼저 제대했다. 고향도, 나이도, 계급도 같았다. 또한 눈에 대한 부상으로 같은 병실에서 동병상련의 마음으로 각별하게 지내던 사이였다. 그러나 그가 먼저 갑작스럽게 제대하면서 연락처도, 주소도 제대로 묻지 못했다. 가끔 어디에서 어떻게 살고 있는지 궁금하기는 했었다. 세월이 흐르다 보니 까맣게 잊고 있었던 그였다. 통장 개설을 마치고 그 친구의 손을 잡고 상담실로 들어갔다.

그 친구는 제대했지만, 눈은 점점 더 나빠졌고, 2년 후에는 양쪽 눈이 완전히 실명되었다고 했다. 이미 각오하고 있었던 일이라 좌절은 하지 않았다고 했다. 곧바로 안마 일을 배워 지금은 안마사로 즐겁게 일하고 있으니 걱정하지 말란다. 즐겁다고, 걱정 없다고 말하며 밝은 표정을 지으려 애쓰지만, 내 눈에는 그의 표정에서 감춰진 그늘이 보인다. 차마 나에게조차도 말하지 않는 시련과 아픔을 가늠이나 할 수 있을까? 가끔은 내가 어떻게 지내고 있는지 궁금했는데 찾을 엄두가 나지 않더란다.

근무가 끝나고 저녁 식사를 함께하며 쌓여있던 회포를 풀었다. 식사 내내 나의 작은 도움을 받으면서도 밝은 표정과 자신감 넘치는 행동에 가슴이 아리면서도 고맙다. 본래부터 밝고 긍정적인 성격임은 알고 있었지만, 애써 밝은 표정을 지어 보이려는 그의 배려가 내 마음을 더 무겁게 한다. 어떤 위로의 말도, 어떤 격려의 말도 할 수가 없었다. 그저 말없이 꼭 안아주며 자주 만나자는 약속을 하고 헤어졌다. 흰 지팡이로 길을 더듬으며 걷는 그의 뒷모습이 쓸쓸해 보인다.

몸이 천 냥이면 눈은 구백 냥이라 하지 않던가.

우리의 몸 중에서 중요하고 귀하지 않은 곳이 어디 있겠는가. 모두가 중요하고 귀하지만, 그중에서도 눈이 그만큼 중요하다는 이야기가 아닐까? 사람을 대할 때나 사물을 처음 대할 때도 눈이 가장 먼저 반응하는 기관이다. 또한 사물을 보는 기능뿐만 아니라, 의사전달 수단이기도 하다. 눈은 거짓말을 하지 못한다. 그래서인가 거짓말을 하면 '눈을 똑바로 보고 말하라'고 했는가 보다. 날카로운 눈빛에도 상처를 입는다. 그래서 눈을 마음의 거울이라고도 하고, 영혼의 창이라고도 했는지 모른다. 눈은 고도로 발달된 최고의 감각기관이다. 그런 중요한 눈이 나에게는 한쪽밖에 없다.

한쪽 눈밖에 없으니 내 눈은 사백오십 냥쯤은 되려나?

처음 눈을 잃었을 때는 괴로웠고 좌절도 했었다. 한쪽 눈의 의안이 표시 나는 게 두려워 상대의 눈을 마주 보지 못했다. 그로 인해 오해받은 적도 있었고, 감추기 위해 선글라스를 끼고 다녀 건방지다는 소릴 들은 적도 있었다. 그러나 그 시간은 그리 길지 않았다. 나보다 더한 사람들도 꿋꿋하게 잘 살아가고, 멋지게 살아내고 있는 모습들에 정신이 번쩍 들었다.

그러던 중 최근 개그맨이자 가수인 이동우 씨의 감동적인 사연에 많은 부분 공감하며 읽었다. '망막색소변성증'이라는 희귀 질병으로 1급 시각장애 진단을 받았단다. 모든 것을 포기하고 싶단 생각을 하고 있던 어느 날, 이 씨의 사연을 들은 40대 남성으로부터 눈을 기증하고 싶다는 의사를 전달받았단다. 설레는 마음에 그 남성을 직접 찾아갔단다. 그 남성은 근육병 환자였단다. 몸의 전체가 마비되어 있고 성한 곳이라고는 두 눈밖에 없었다고 했다. 그래서 이동우 씨는 기증받는 것을 포기했단다. 그 이유를 이렇게 밝혔다.

'기증받은 것이나 다름이 없다, 왜냐하면 나는 하나를 잃고 아홉을 가진 사람인데, 그분은 오직 하나 남은 눈마저도 저에게 주시려 했다고. 하나를 가지면 둘을 갖고 싶은 게 사람 욕심인데 그분은 달랐다.'라고 했다. 그러면서 한 가지 소원이 있다면 '딸이 얼마나 예쁘게 컸는지 단 5분 만이라도 얼굴을 보는 것.'이라 말하며 마무리했다. 이동우 씨는 중도 시각장애를 겪고 있으니 얼마나 이 세상을 다시 보고 싶을까! 나는 이 사연을 접했을 "당신의 잃은 한쪽 눈을 볼 수만 있다면 내 눈을 당신에게 주고 싶다."던 아내의 말이 떠올랐다.

'헬렌 켈러'는 시각과 청각, 후각까지 잃은 채로 한평생을 살았다. 그런 상황에서도 '내 생애 행복하지 않은 날은 단 하루도 없었다.'고 했다.

그런데 나는 하나를 잃었다고 모든 걸 잃어버린 것처럼 괴로워했다. 꿈도, 희망도 모두 사라져 버린 것 같은 절망감에 사로잡혔었다. 그건 아마 갑자기 일어난 상황에 아무것도 할 수 없을 것 같은 두려움에, 그럴듯한 모양을 닮은 핑곗거리가 필요했는지도 모르겠다. 나의 손톱 밑 가시가 다른 사람이 칼에 베인 상처보다 더 아프다는 자기중심적인 사고 때문은 아니었을까? 상실을 삶의 일부로 받아들일 때 비로소 극복할 수 있다고 생각했다. 잃은 것이 있으면 얻는 것도 있을 것이라 생각했다. 상실의 고통을 자신과 분리하지 못하고 평생 상실감에 사로잡혀 몸부림쳤다면, 과연 나는 어떤 삶을 살고 있을까. 한 눈으로 보는 세상이 조금 불편하기는 하지만, 두 눈으로 보는 세상과 조금도 다르지 않다.

볼 수 있는 한쪽 눈이 있어 얼마나 다행인가.

나는 오늘도 볼 수 있고, 들을 수 있고, 말할 수 있고, 걸을 수 있어 행복하고 감사한 마음으로 하루를 보낸다.

초등학교 7학년

　며칠 전 우리 집 인근 초등학교를 지나갈 일이 있었다. 활짝 웃는 모습으로 꽃다발을 한 아름 안고 운동장으로 쏟아져 나오는 아이들을 보았다. 학교 주변에는 자동차들이 빽빽하게 늘어서 있다. 요즘이 한창 졸업 시즌임을 실감케 한다. 꽃다발을 가슴에 안고 활짝 웃고 있는 모습은 그들이 안고 있는 꽃보다도 더 예뻐 보였다. 그 모습에서 오래전 초등학교 가을 동창회 겸 총동문회를 한다는 연락을 받고 참석했던 기억이 떠오른다.

　초등학교를 졸업한 후 동창회에는 이런저런 사유로 한 번도 참석하지 못했었다. 마침, 원주에서 근무할 때라 친구들의 변한 모습이 궁금해 참석했었다. 참석하고 보니 초등학교 동창 중에는 고등학교 1년 선배들이 몇 명 있었다. 초등학교 동창임에도 학교에서 만나면 언제나 거수경례로 선배 예우를 해야만 했던 친구들이다. 동창회에 참석한 나를 보더니 "야! 너 우리 동창이었어?"라며 야릇한 표정으로 악수를 청한다. 그러자 옆에 앉아 있던 친구 녀석이 "얘 1년 꿇었잖아! 너 몰랐어?"한다. 하기야 눈에 띄게 잘나지도 않았고, 특별하게 공부를 잘 하지도 않았던, 그저 지극히 평범한 아이였으니, 기억하지 못하는 것도 무리는 아니다. 그러니 기억 못 하는 친구가 야속할 것도, 서운해할 것도 없다.

시오리 등굣길을 여덟 살 꼬맹이가 코 수건을 가슴에 달고, 누나 손을 잡고 쫄래쫄래 초등학교에 입학했다. 비가 오나 눈이 오나 6년 동안을 오갔다. 가끔은 악동 친구들의 꼬임에 빠져 땡땡이를 치기도 했다. 그러다가 친구들의 고자질로 땡땡이친 사실이 탄로 나면, 선생님의 회초리는 가느다란 내 종아리 위에서 춤을 추었다. 회초리가 밟고 지나간 종아리엔 빨간 발자국이 선명하게 남았다. 그 발자국은 오랫동안 지워지지 않았다. 육성회비를 제때 내지 못해 집으로 되돌려지기도 여러 번 겪었었다. 가난을 눈치채고 애늙은이가 된 어린 시절의 나는 말까지도 아껴야만 했다.

초등학교 6학년을 마치고 중학교 입학시험을 치르는 날이 다가왔다. 시험 전날 부모님께서 조용히 나를 부르셨다. 한참을 머뭇거리시다가 입을 여셨다. "학교에 사정을 이야기해 놓았으니, 초등학교에 1년만 더 다니라고"하셨다. 그 말씀을 하시던 부모님의 표정과 눈빛은 지금도 잊을 수가 없다. 자식에 대한 미안한 마음과 부모로서의 무능함에 얼마나 자책하셨을까. 몇 날 며칠을 고민하고 또 고민하셨을 것이다. 목에 걸린 가시를 토해내듯, 그 말을 입 밖으로 끄집어내기까지 얼마나 많은 불면의 밤을 뒤척이셨을까. 가장으로서의 무능함에 자신을 얼마나 많이 괴롭히셨을까. 그렇게 중학교 입학시험은 응시도 하지 못한 채 초등학교 7학년을 다니게 되었다.

7학년이 되어 처음 등교하던 날, 나는 교실 맨 뒷자리에 자리를 잡고 앉았다. 지난해까지는 후배였던 아이들과 같은 교실에 앉았다. 어색함과 창피함에 마음이 혼란스럽다. '쟤 중학교 떨어졌나 봐?'라고 수군거리며 손가락질하는 것만 같아 뒤통수가 따가웠다. 일일이 남들에게 내 사정이나 상황을 모두 설명하고 이해시키며 살 수는 없다. 똑같이 남들의 사정도 나는 알 수가 없다. 그런 불편한 하루가 지나고 집에 가면서 많은 생각을 했다. 그냥 이대로 학교를 그만두고 집에서 아버지와 큰형님의 농사를 도울까? 그렇게 한다면 어린 마음에도 끝내는 농사꾼으로 눌러앉을 수도 있겠다는 막연한 불안감이 들었다. 마음의 갈피를 잡을 수가 없었다. 아무리 열네 살짜리 꼬맹이지만 집에 있으면 농사일을 거들 수밖에 없다. 초등학교 5학년 때부터 담배 농사 품앗이를 다녔던 나였다. 부모님께서도 아마 그런 염려 때문에 일 년을 더 학교에 다니게 했는지도 모른다. 부모로서 자식의 앞길을 가로막지 않을 수 있는 최선의 결과였을 것이다. 그럼에도 나는 그 일 년 동안이 왜 그리 더디 가는지 지루하고 불편했다. 가난으로 잠시 불편하고 초라해져 있는 나는 비굴해하지 않을 자신은 없었다. 그렇게 하루를 보내고, 또 하루를 보내다 보니 일 년이란 세월이 흘러갔다. 졸업식도 참석하지 않았고 졸업장도 없는 초등학교 7학년. 그야말로 철저한 투명 인간으로 일 년을 보냈다.

   동창회를 한다는 연락을 받던 날, 동창생들의 얼굴이 보고 싶기도 하고 궁금하기도 했다. 아쉽게도 초등학교 졸업 앨범이 없어 동창들의 얼굴을 기억해 내기가 어렵다. 가난으로 비굴해하지 않을 자신은 없었지만, 그렇다고 비굴한 적은 한 번도 없었다. 지난날 가난으로 인하여 겪은 아픔과 고뇌가, 나를 더 단단하게 여물게 하고 일찍 철들게 했는지도 모른다.

   만일, 그때 학교에 다니는 것을 중도에 포기하고 집에서 농사

일을 도왔다면, 지금의 나는 어떤 모습으로 변해 있을까? 가만히 눈을 감고 상상해 보지만 잘 모르겠다.

초등학교 7학년!

그 일 년 동안은 내 어린 날, 나름의 고뇌와 고통의 시간이었다. 원주에 근무할 때 초등학교 7학년의 흔적을 찾기 위해 학교를 방문했었다. 생활기록부를 찾아보았으나 어디에도 내 7학년의 흔적은 없었다. 사라져 버린, 잃어버린 일 년의 세월은 어디에서 보상받을 수 있을까. 어디에 가면 찾을 수 있을까.

어찌 보면 인간은 각자 남들에게 말하지 못하는 아픔과 고통을 한두 가지쯤은 갖고 있지 않을까? 그렇기에 모두가 마음의 고통 앞에서는 공평하고 평등한지도 모르겠다.

인간은, 그렇게 아파하고 신음하며 조금씩 조금씩 성장해 가는 것인지도 모른다.

도시락

외출했다 돌아온 아내가 현관문을 열고 들어선다.

옷자락에는 온통 겨울 냄새가 묻어있다. 차가운 냉기는 아내의 뒤꽁무니를 따라 거실로 슬금슬금 기어들어 온다. 옷을 갈아입고 나오더니 혼잣말처럼 '오늘 저녁은 뭘 해 먹지'한다. 그러더니 오늘 저녁은 반찬도 별로 없는데 추억의 도시락이나 해 먹잔다.

나는 망설임 없이 "좋지~"했다.

주부들은 '오늘은 뭘 해 먹어야 하나?'하는 걱정을 매일 하고 산단다. 그리고 세상에서 제일 맛있는 음식은 남이 해주는 음식이란다. 그 걱정거리를 줄여주려면 주면 주는 대로 군말 없이 먹어주는 게 최선이 아닐까 싶다.

주방에서는 벌써 참기름과 김치가 어우러지면서 도시락이 익어가는 냄새가 식욕을 자극한다. 입 안 가득 침이 고이고, 코가 벌름거린다.

그 냄새에 갑자기 초등학교 때 도시락 때문에 벌어졌던 사건이 생각난다.

가정형편이 어렵거나 부모님이 안 계신 아이들은 학교에서 미국의 무상원조로 지원되는 가루우유를 끓인 죽과 옥수수 빵을 지급했다. 우리 집은 그 정도로 어려운 형편은 아니었다. 오전수업이 끝나고 점심시간이 되어 어머니께서 싸주신 도시락을 열었다. 도시락엔 아침에 먹었던 밀기울(밀을 찧어 밀가루를 분리하고 남은 껍데기)에 보리쌀이 섞인 밥이었다. 이를 본 내 짝이 개밥 같다며 놀렸다. 급기야는 친구들이 몰려와 내 도시락을 구경하기 위해 몰려들었다. 창피하기도 하고 화가 나서 견딜 수가 없었다. 도시락을 덮어 책상 속으로 집어넣고 놀려댄 짝의 얼굴에 증오와 분노로 가득 찬 주먹을 멋지게 한 방 날렸다. 멋진 내 주먹 한 방은 짝꿍의 콧잔등을 정통으로 적중했다. 짝꿍은 뒤로 고꾸라지면서 도시락과 함께 바닥에 나뒹굴었다. 겉에만 보리밥으로 위장해 놓은 하얀 쌀밥과 더덕장아찌가 교실 바닥으로 나뒹굴었다. 한입 베어 먹은 계란프라이는 이빨 자국이 선명하게 남은 채, 교실 마룻바닥으로 처참하게 떨어졌다. 짝꿍의 코에서는 피가 흐른다. 하지만 하나도 미안하지 않았다. 다만 교실 바닥에 쏟아진 하얀 쌀밥과, 한입 베어 물어 반달만큼 남은, 노른자가 선명한 계란프라이가 눈에 들어온다. 그 상황에서도 맛있겠다는 생각이 들었다. 널브러진 더덕장아찌 냄새는 콧속으로 스며들어 내 의지와는 상관없이 입안에는 침이 고인다. 상황을 인식하지 못한 채 거의 자동 적으로 작동하는 내 몸의 본능적인 반응이 원망스럽다. 들려오는 친구의 울음소리와, 그 광경을 지켜보는 반 친구들을 뒤로하고 도망치듯 교실을 나와 버렸다.

　학교 후문으로 뛰쳐나가 유유히 흐르는 섬강변에 주저앉았다. 그리고 애꿎은 돌멩이만 강물 속으로 던지며 분풀이 했다. 분풀이라기보다는 내 마음속에 돌멩이처럼 뭉쳐있는 응어리를 꺼내

어 던져버리고 싶었는지도 모른다. 가난하다는 것 하나만으로 마음에 상처를 입은 많은 날들. 억울할 때마다 신경이 날카로워지면 언제나 힘없는 나는 애꿎은 돌멩이와 강물을 화풀이 대상으로 삼았다. 그러면서 그저 가슴속의 아픈 상처를 어루만지며 속울음을 울었다. 바람은 내 귓전에 앉아 쉬고 있고, 강물은 상처를 보듬어 안고 아무렇지도 않은 듯 울며 흘러간다. 강바람의 입김을 느끼면서 빨리 어른이 되었으면 좋겠다고 생각했다. 어른이 되면 지금보다는 좋아지지 않을까? 하는 막연한 기대 때문이기도 했다. 어쨌든 빨리 어른이 되고 싶었다.

교실에 들어갔을 땐 담임 선생님의 호출이 기다리고 있었다.

선생님이 나를 찾는 이유는 짐작할 수 있었다. 겁나거나 무섭지 않았다. 당당하게 교무실 미닫이문을 열고 들어섰다. 나는 어느 사이에 '나쁜 새끼'가 되어 교무실 뒤 공간으로 끌려갔다. 선생님의 손아귀에 틀어 잡힌 귀가 찢어질 듯 아프다. 바짓가랑이를 걷어 올린 가느다란 종아리에서 날카로운 통증이 느껴지기 시작했다. 오기로 두 눈을 똑바로 뜨고 꿈쩍도 하지 않았다. 내 모습을 지켜보고 있던 선생님들이 '그놈 참 독하네~.'하는 소리가 들린다. 한순간에 나는 '나쁜 놈'이 되었고 '독한 놈'이 되어 있었다. 그 대가로 일주일 동안 화장실 청소라는 벌이 내려졌다. 친구를 왜 때렸는지 단 한마디도 묻지 않으셨다. 아니 자세한 내막이야 알아주지 않아도 좋았다. 다만 여러 선생님 중에 누구 한 사람도 폭력의 원인을 묻는 이가 없었다는 사실이 아쉬울 뿐이다. 가난하다는 것은 물질을 가진 것이 조금 부족할 뿐, 자존심까지 부족하거나 없는 것은 아니다. 가난하다는 이유 하나만으로 자존심까지 짓밟을 권리까지 그들에게도 주어지지 않았을 텐데도 말이다.
　수업이 모두 끝나고 화장실 청소를 마친 후 집으로 발걸음을 옮긴다. 마을 친구들은 모두가 가고 없다. 지친 발걸음을 질질 끌고 걷는다. 종아리의 통증 때문에 자갈길을 걷듯이 뒤뚱거릴 수밖에 없었다. 혼자서 터덜터덜 집으로 걸어가노라니 배도 고프고 종아리도 아프다. 길섶에 있는 찔레 순과 수영(싱아) 줄기를 꺾어 씹으며 허기를 달랬다. 종아리에 남아있는 붉고 푸른 회초리의 발자국도, 마음속에 난 상처도 강물처럼 금방 아물면 좋으련만.
　한참을 걷다가 강가에 앉아 손도 대지 않은 도시락을 열었다. 먹고 싶은 생각이 들지 않았다. 숟가락으로 한술 떠서 강물에 던졌다. 어디에 숨어있었는지 모를 피라미들이 우르르 몰려든다. 작은 입을 뻐끔거리며 서로 먹겠다고 밀치고, 물어뜯고 난리들이다. 쪼그리고 앉아 한참을 그렇게 피라미들에게 도시락을 다 내주었다. 어머니께서 싸주신 도시락을 피라미들에게 나누어주고 나니 죄송스러웠다. 그러나 버리지 않고 피라미들에게라도 먹였으니 됐다고 나를 달랬다.
　엉덩이를 털고 일어났다. 하늘은 유난히도 맑고, 강물은 아무 일 없다는 듯 유유히 흘러간다.
　맛있는 추억의 김치 도시락밥을 먹으면서 어린 시절을 생각하니 주책맞게 눈물이 한 방울 뚝 떨어진다. 그러나 워낙 뜨겁고 매운 음식을 먹으면 땀을 많이 흘리는 탓에, 아마 아내는 내 눈물을 눈치채지 못했을지도 모른다.
　계란프라이가 올려진 추억의 도시락으로 호사를 누린 오늘 하루가 저물어간다.

스승의 날

 시험 기간이라는 핑계로 부모님의 농사일 돕는 것도 뒤로 미룬 채, 수업이 끝난 후 밤늦게까지 학교에 남아 기말고사 준비를 했다. '쟁기질 못 하는 놈이 소 탓한다'고, 전기가 들어오지 않는 우리 집의 호롱불을 탓하며 몇몇 친구들과 함께 학교에 남아 시험 준비를 했다. 드디어 고등학교 2학년 1학기 말 시험을 치르는 날이다. 담임 선생님이 아닌 다른 반 선생님이 시험지를 들고 우리 반 교실로 들어오셨다. 시험지를 나누어주기 전 몇 가지 주의 사항을 알려주시고는 내 이름과 또 다른 친구의 이름을 불렀다. "두 사람은 지난 1/4분기와 2/4분기 수업료를 아직 납부하지 않았다. 학교 방침에 따라 기말고사 응시 자격을 박탈한다. 그러니 두 사람은 책가방을 들고 밖으로 나가라!"고 하신다.
 너무나도 어이가 없고 창피했다. 애써 부여잡고 있던 내 자존심은 여지없이 교실 바닥으로 굴러떨어져 먼지를 뒤집어쓰고 나뒹군다. 쏟아지는 친구들의 따가운 시선은 화살촉이 되어 가슴에 박히고, 바닥에 떨어진 자존심은 무참히도 짓밟히고 있다. 한두 번 겪는 일도 아니건만, 그날따라 얼굴은 화끈거리며 벌~겋게 달아올랐다. 자주 넘어지는 사람은 넘어짐에 익숙해서 아프지 않을 것 같지만, 넘어질 때마다 아프기는 매한가지다. 일어나기도 그리 쉽지만은 않다. 익숙해지려 아무리 애를 써도 좀처럼 익숙해지지 않는다.

조금 전까지 훑어보던 요점을 정리한 공책과 필기도구를 주섬주섬 끈 떨어진 낡은 책가방에 집어넣었다. 가방을 옆구리에 끼고 헤진 모자를 눌러쓴 채 자리에서 일어났다. 너무도 갑작스럽고 황당한 처사에 나도 모르게 교실 문을 활짝 열어젖혔다. "에이 더러워서 학교 못 다니겠네!"라고 혼잣말을 내뱉고 미닫이문을 세게 닫았다. 선생님은 그 말을 들었는지 뒤따라 나와 나를 교무실로 끌고 갔다. 몽둥이가 내 엉덩이에 사정없이 내리꽂힌다. 몇 대를 맞았는지 알 수는 없었다. 그러고도 모자랐는지 날카로운 가시가 잔뜩 돋친 목소리로 또 한 번 가슴을 후빈다. "수업료도 안 낸 주제에 겉멋만 들어서 가방은 옆구리에 끼고, 교모는 다 헤진 걸 뒤집어쓰고, 그도 모자라 신발까지 꺾어 질질 끌고 다녀? 이 새끼야! 그리고 뭐? 더러워서 학교 못 다니겠어?"나는 그 말에 대꾸도 하지 않고 교무실을 빠져나와 긴 복도를 지나 밖으로 나와 버렸다.

초등학교 때부터 육성회비를 안 냈다고 집으로 되돌려 보내진 경우도 셀 수 없을 만큼 많았다. 이런저런 생각을 하며 학교 옆 작은 동산 숲속으로 발길을 옮겼다. 몽둥이찜질을 당한 엉덩이는 화롯불을 깔고 앉은 것처럼 화끈거리고, 가슴은 칼에 베인 것처럼 아리다. 책가방을 베개 삼아 사냥꾼 총에 맞은 사슴처럼 나무 그늘 밑에 쭈그리고 옆으로 누웠다. 초여름이라 숲은 녹음이 짙다. 바람은 싱그러운 풀 냄새와 나뭇잎의 향기를 싣고 내 주위를 서성거린다. 불어오는 바람도 초록색이다. 나뭇잎 사이로 올려다본

하늘은 유난히도 파랗고 구름 한 점 없다. 그 사이로 쏟아져 내리는 햇살 기둥은 하늘로 통하는 통로 같다는 생각이 들었다. 한 줄기 바람이 나뭇잎을 열면, 열린 틈새로 쏟아져 내리는 햇살은 초록 숲 위로 그물처럼 드리워진다.

속절없이 눈물이 흐른다. 내가 흘리는 눈물로 내가 위로를 받는다.

한 번만이라도 그 이유를, 그 사정을 들어볼 생각을 안 했는지 원망스러웠다. 한 번쯤은, 한 번쯤은 이란 아쉬운 마음이 허공을 맴돈다.

그렇게 한동안 이런저런 생각에 잠겨 있다 보니 스쿨버스의 시동 소리가 들린다. 벌써 시험이 끝났는지 주위가 시끄럽다. 어쩔 수 없이 어두운 생각을 털고 일어났다. 숲의 나무들도 '다 안다'는 듯 술렁거리며 같이 몸을 일으킨다. 걷다 보니 아까보다도 엉덩이는 더 아프고 쓰리다. 나무 기둥을 짚고 멍하니 멈춰 서서 문득 나무의 상처를 읽는다. 척박한 땅에서 살아남기 위한 몸부림에 뿌리의 반쯤은 밖으로 튀어나와 있다. 줄기는 휘고 뒤틀려 옹이가 툭툭 불거져 있다. 곧게 뻗은 나무를 찾아보기가 어렵다. 휘어지고 뒤틀린 나무들은 한 줌의 햇빛이라도 더 받아보겠다고 두 팔을 벌려 하늘을 향한다. 살아남기 위해 휘어지고 뒤틀리면서도 버텨내고 있다. 뿌리가 깊어야만 몸통과 가지를 튼튼하게 키울 수 있고, 몰아치는 바람에도 쉽게 넘어지지 않으려는 안간힘이 가엾다.

척박한 환경에서도 뿌리를 움켜쥐고 버티면서도 꿋꿋하게 살아내는 나무들의 삶을 곁눈질하며 발걸음을 옮긴다.

5월은 가정의 달이라 행사가 많다. 마침 스승의 날을 맞아 고등학교 때 선생님들을 모시는 행사에 참석해 달라는 연락을 받았다.

'좋은 스승을 모신다는 것은 인생의 귀한 일이고, 좋은 제자를 갖는다는 것은 인생의 복된 일'이라는데, 나는 좋은 제자가 되지도 못했고, 좋은 스승을 모시지도 못했다.

결국 나는 행사에 참석하지 않았다.

좋은 스승을 모시지 못했는지, 아니면 좋은 제자가 되지 못했는지는 지금까지도 알지 못한다.

지금은 나에게 매질했던 그 선생님을 원망하지 않는다.

집家이란 무엇인가?

내 어린 시절에는 우리들의 집은 자연의 일부였다.
가족들이 함께 생활하는 공간이고 보금자리였다. 초가집 지붕 위엔 박 넝쿨이 꽃을 피우고, 낮은 돌담 위로는 주먹만 한 호박들이 엄마의 손길을 이제나저제나 기다리며 울안을 빼꼼히 훔쳐보고 있었다. 처마 끝엔 참새들이, 처마 밑엔 제비들이 둥지를 틀어 새끼들을 키우며 함께 살았다. 재산목록 1호인 누렁이 암소도 한 지붕 아래에서 같이 생활하던 곳이었다. 남에게 보여주기 위한 허세의 공간도, 재테크나 투기의 수단도 아니었다. 더욱이 빈부를 판단하고, 삶의 서열을 가르는 기준이 되는 것도 아니었다. 조금은 불편해도 아쉽지 않았고, 겉으로 보기에는 초라해도 부끄럽지 않은 안식처였다. 사람이 삶을 영위하는 데 필수적인 세 가지 요소인 '의식주' 가운데 하나인 집은, 몸뿐만 아니라 마음까지도 누이고 쉴 수 있는 공간이었다.
그런데 요즘은 그런 집의 본질적 기능과는 너무도 멀어져있다는 느낌이 든다. 집값은 하늘 높은 줄 모르고 오르고 또 오른다. 저금리 시대에 은행의 정기예금이나, 위험부담이 존재하는 주식 투자 보다는, 그 수익은 비교할 수 없을 정도로 높다. 이를 기회로 여긴 돈 많은 인간들이 집값을 부추기며 투기장으로 만들어가고 있다. 나라에선 하루가 다르게 오르는 집값을 잡아보겠다고 끊임없이 부동산 대책을 내놓는다. 하지만 각종 대책을 비웃기라도 하듯, 하룻밤이 지나면 몇천만 원씩 뛰어오르는 현상을 목격한다. 지난 몇 년간 서울, 특히 강남에 아파트를 소유한 사람들은, 웬만한 급여 생활자들이 평생을 모아야 벌까 말까 한 어마어마한 액수의 불로소득을 얻고 있다. 그러고도 집값 상승을 방해하는 그 어떠한 시설도, 정책도 기를 쓰고 거부한다.

저소득층을 위한 임대아파트 건설이나, 장애인들을 위한 특수학교 설립도 절대 안 된다며 입에 게거품을 물고 악을 써댄다. 교육 환경악화와 조망권 침해라는 허울 좋은 이유를 내세운다. 집값이 떨어진다는 진짜 이유를 숨긴 채, 나만 아니면 된다는 극도로 깊게 심어진 이기주의가 그들만의 패거리를 만든다. 무릎을 꿇고 두 손 모아 빌며 눈물로 애원하는 장애아 부모들을 싸늘한 눈빛으로 뻔뻔스럽게 비웃으며 외면한다. 더불어 살아가기를 포기한, 아니 인간이기를 포기한 꼬락서니에 분노가 끓어오른다. 다시 한번만 이야기를 들어달라는 학부모들의 호소에도, 웃음 지으며 떠나가던 지역구 국회의원의 모습이 잊히질 않는다. 지난 세월 '잘살아보세'를 외치며 허리띠를 졸라매고 잠까지 줄여가며 애를 썼었다. 그런데 어느 순간 '잘살아보세'가 '어떻게 하든 잘살아보자'로 변하더니, 이제는 '어떤 수단과 방법을 써서라도 잘살아보자'가 되어버렸다. 같이 '잘살아보세'가 아닌 나만 잘 살면 된다는 물질적인 가치가 인간의 정신까지 지배했다. 완전히 물질의 노예로 전락해 버렸다. 집값이 미친 것이 아니라, 돈에 멱살이 잡혀 질질 끌려다니는 일부 인간들이 미쳐가고 있는 것 같다는 느낌을 지울 수가 없다.

　나는 결혼 초 보증금도 없는 삼만 원짜리 월세 단칸방으로 시작했다. 같은 부엌, 같은 화장실을 사용해야 하는 불편을 감수해야만 했다. 도움받을 곳 하나 없이 더부살이하는 천덕꾸러기처럼, 눈치만 살피는 아내가 안쓰러웠다. 일 년 만에 많지 않은 봉급을 아끼고 아껴서 작은 전세로 이사를 했다. 한곳에 정착할 수 없는 유목민처럼 일곱 번의 떠돌이 끝에서야 서른두 평 아파트를 장만했다. 비록 십사 년 동안 일곱 번의 이사 끝에 절반의 은행 대출로 장만한 내 집이었지만, 그래도 뿌듯했다. 이제야 위태로운 모래 땅이 아닌 단단하게 다져진 반석 위에 안착한 기분이었다. 그 전엔 밤이면 높다란 아파트에서 흘러나오던 불빛은 동경의 대상이었다. 아파트에서 빛나던 불빛은 지구 문명의 밝기에 밀려 사라진 별들이 땅으로 내려와 있는 듯 보였다. 그 불빛을 바라보면서 알 수 없는 쓸쓸함과 허전함이 가슴속으로부터 비집고 올라왔었다.

　얼마 전 서울에 살고 있는 아들 내외가 집에 왔을 때, 서울의 집값 이야기를 얼핏 비친 적이 있었다. 아들 내외는 서로의 얼굴을 바라보며 말없이 씩 웃으며 긴 한숨을 내쉬는 모습에 아차 싶었다. 가슴이 먹먹했다. 그래도 둘 다 일류대학을 나오고 남들이 부러워하는 직장을 다니며 맞벌이하고 있지만, 터무니없는 집값 때문에 엄두가 나지 않는가보다. 금수저를 물고 태어나지 못하고, 흙수저를 물고 태어나게 한 것이 미안했다. 누군가의 말처럼 '돈도 실력'이라는데 공연히 아픈 상처에 소금을 뿌린 것 같아 미안한 마음에 황급히 말꼬리를 돌렸다. 속으로 '로또복권이라도 사야 하나' 생각하다가 '내 복에 무슨'하고 나도 따라 한숨만 지었다. 예전에 어머니께서 셋방살이하는 우리 집에 오셨을 때 하시던 말씀이 생각났다. 즐비하게 늘어선 아파트를 둘러보시며 '이렇게 많은 집 중에 너희들이 살 집은 없구나.'라며 쓸쓸한 한숨을 토해내시며 미안해하시던 표정이 지금도 아련하다. 그런데 그 마음이 대(代)를 이어서 지금 내가 느끼고 있다. 탄식 같은 한숨을 토해내시던 어머니의 심정이 이와 같았으리라.

과연 집이란 무엇일까? 가족들이 편안히 쉴 수 있는 공간이 아닐까? 날이 저물면 일터에서, 학교에서 일과를 마치고 하루의 고단함을 부려놓고 쉴 수 있는 곳. 어머니 품속같이 포근하고 따뜻한 곳. 언제나 돌아갈 수 있는 안락함과, 늘 기다려주는 사랑하는 가족들이 있는 곳. 지치고 고단한 세상살이에서 다친 상처를 씻고 싸맬 수 있는 곳. 그런 공간이 바로 집이 주는 진정한 의미가 아닐까?

부의 상징으로 소유하고 있음을 자랑하는 물건(物件)이 아닌, 삶을 영위하고 누릴 수 있는 거주하는 공간으로의 집이었으면 좋겠다.

진정 누구나 집을 장만 할 수 있는 방법은 없는 것일까?

잠든 아내 모습

 오늘은 올가을 들어 처음으로 황토방 아궁이에 군불을 지폈다. 이젠 하루가 다르게 일교차가 심해지면서 밤공기는 코가 시릴 정도로 차갑게 느껴진다. 최저기온이 영하로 떨어진다는 일기예보를 접하고 나니, 이젠 겨울인가 싶다. 하기야 두 주쯤 전에 입동(立冬)이 지났으니 이미 겨울은 시작된 셈이다. 작은 텃밭에 심었던 곡식들도 거두었고, 엊그제는 텃밭의 배추와 무를 뽑아 김장도 했다. 장작도 어느 정도 비치해 두었으니, 이제 겨우살이 준비는 얼추 마쳤다. 김장을 마친 아내는 어려운 숙제를 해낸 것 같이 홀가분하단다. 아궁이에서 타고 있는 장작은 자기 몸에 흰 연기를 칭칭 감고 방고래를 향해 기세 좋게 타들어 간다. 활활 타오르는 장작불은 용의 혀처럼 날름거리며 구들장 속을 핥으며 들어간다. 굴뚝에서 피어오르는 연기는 옛 추억을 불러내는 손짓 같기도 하고, 죽은 나무의 영혼이 비로소 하늘로 오르는 것 같기도 하다. 군불을 지피고 아궁이 앞에 앉아 있으니, 마음속까지 따뜻해진다. 그렇게 멍하니 구들장 속으로 빨려 들어가는 불꽃을 바라보고 있었다. 마침, 담장 밖에선 지나가는 어르신들의 목소리가 들린다.

"이 집에 군불 때나 보네?, 뜨끈뜨끈한 구들장 아랫목에서 허리 한번 지졌으면 좋겠구먼", "그러게~"하시며 지나가신다. 아마 굴뚝에서 나오는 연기를 보시고 온돌방의 추억을 회상하시며 옛 시절을 그리워하는 듯싶다.

그랬다, 예전 시골에선 겨울방학이면 지게를 걸머지고 나무하러 산에 오르던 기억이 아직도 생생하다. 솔잎이나 가랑잎, 검불마저도 갈퀴로 긁어모아다가 군불을 땠다. 밥을 할 때나 소죽을 끓일 때도 땔감으로 사용했었다. 나무를 한 짐 짊어지고 비탈진 산길을 내려올 때면, 나뭇짐의 무게를 버텨내느라 가느다란 내 두 다리는 황소바람에 문풍지 떨듯 파르르 떨었다. 그런데 요즘은 건강을 위해 산에 오른다. 산에 오르다 보면 이제는 거의 정글 수준이다. 눈(雪)의 무게를 이기지 못해서 꺾인 나뭇가지는 지천으로 널려있고, 태풍에 뿌리째 뽑힌 아름드리 나뭇등걸들은 언제 쓰러졌는지 알 수 없을 정도로 삭아있다. 이제 도시는 물론 시골에서도 기름보일러나 가스보일러로 난방한다. 연탄보일러로 난방하는 가구도 아주 일부에 불과한 실정이다. 그렇다 보니 쓰러지고 버려진 나무들이 지천으로 널려있다. 그런 모습을 보며 아깝다는 생각이 드는 걸 보면, 나는 어쩔 수 없는 촌놈인가 보다. 방안에 들여놓았던 질화로가 그립다. 잉걸불 위에서 보글보글 끓던 청국장 냄새와 고구마를 구워 먹던 시절도 이젠 아련한 옛 추억이 되었다.

황토방 아궁이 앞에 주저앉아 타들어 가는 불꽃을 바라보며 옛 추억 속에 취해 있는데, 아내가 저녁 식사하라고 부른다. 마치 어머니가 밥 먹으라고 부르는 것 같은 착각을 일으킨다. 갑자기 어머니가 그리워진다. 장작 서너 개를 아궁이에 더 집어넣고 아쉬운 마음을 털고 일어선다. 화롯불 위에서 보글보글 끓던 어머니표 청국장은 아니지만, 아내가 가스레인지에 정성스럽게 끓여낸 된장찌개가 놓여있는 식탁에 마주 앉는다. 어머니보다는 아내가 해준 음식을 더 많이 먹었고, 이젠 아내의 음식솜씨에 길들여질만도 하건만, 왜 자꾸만 어머니의 손맛이 그리워지는 걸까. '예전에 엄마가 끓여주시던 청국장 맛이 그립다,'고 말하려다가 아내의 심기를 불편하게 할 것 같아 입만 달싹이다 말았다. 식사를 마치고 양치를 하는 사이 설거지를 마친 아내는 "여보 나 황토방으로 가요~"하고는 현관을 나선다. 나는 TV도 좀 보고, 책도 좀 읽다 보니 어느새 밤이 늦었다.

　황토방 문을 살며시 열고 들어가니 아내는 이내 잠들어 있다. 잠든 모습을 보니 신혼 때가 생각난다.

　결혼하고 강릉에 신혼을 보냈다.

　사랑하는 마음 하나면 모든 어려움쯤은 헤쳐 나갈 수 있을 거란 생각으로, 보증금도 없는 삼만 원짜리 월세방에서 시작했다. 슬레이트 지붕에 시멘트 벽돌로 된 허름한 주택이었다. 화장실도 밖에 있고 부엌도 같이 사용해야 했다. 새댁을 대접하는 신랑의 체면은 여지없이 구겨지고 무너져버린 신혼이었다. 경제적인 안정이 사랑을 담보해 줄 수 있을 것인지, 사랑이 경제적인 안정을 담보해 줄 수 있을 것인지도 알지 못한 채 하루하루를 살았다. 여름에는 속옷이 흠뻑 젖을 정도로 너무 더워 잠을 잘 수가 없었고, 겨울에는 초대하지도 않은 황소바람이 문풍지 사이로 기웃거리며 머리를 들이밀고 들어왔다. 더구나 단열이 되지 않아 외풍이 심해 빨아놓은 걸레는 비틀려진 채로 꽁꽁 언 동태가 되었다. 아침에 세수하고 방으로 들어가려 문고리를 잡으면 손이 쩍쩍 들러붙었다. 가끔 야근하고 늦은 시간에 퇴근해서 집에 들어가면 아내가 먼저 잠든 때가 있었다. 아내가 깰까 조심조심 방으로 들어간다. 바람도 밖이 추운지 문풍지 사이로 몰래 기어들어 아내 곁에 누워있다. 아내의 볼은 찬바람이 얼마나 핥아 댔는지 갓난아기의 볼처럼 발그레하다. 나는 쪼그려 앉은 채로 아내의 잠든 모습을 가만히 내려다보았다. 미안한 마음에 속절없이 코끝이 알싸하고 속눈썹이 촉촉해진다.

그해 겨울은 신혼임에도 불구하고 너무 추워 길게만 느껴졌었다.

그런데 오늘 아내의 잠든 모습은 평화롭고 행복해 보인다. 신혼의 그 겨울밤처럼 잠든 아내의 모습을 바라본다. 늙어가는 모습에 또다시 코끝이 알싸하다. 도둑고양이처럼 살며시 이불 속으로 들어가 곁에 눕는다.

군불 땐 황토방의 아랫목 이불속은, 마치 어머니의 품속에 안긴 것 같이 따뜻하고, 숨이 막히도록 사랑받고 있다는 느낌을 받는다.

장작의 소신공양으로 뜨끈뜨끈해진 온돌방 아랫목이 참 좋다. 더구나 사랑하는 사람이 곁에 있으니 더 좋다!

묵은 책값

얼마 전 시내에 나갈 일이 있어서 가끔 들르던 서점에 갔더니 문이 굳게 닫혀 있다. 쇠사슬에 두 손잡이가 꽁꽁 묶인 채 출입문에는 사정상 폐업했다는 안내문만이 바람에 펄럭이고 있다. 필요한 책이 있었기에 또 다른 서점을 가 보았으나 그곳도 마찬가지였다.

나는 서점에 들어서면 책갈피 속에서 흘러나오는 파릇한 잉크 냄새가 좋다. 신간 서적들을 둘러보거나, 요즘 많이 읽히는 베스트셀러 코너를 살피는 맛 또한 퇴직 후 누릴 수 있었던 여유와 호사였다. 창가에 앉아서 얇은 시집이나 신간 서적들을 읽으며 시간을 보내는 일 또한 즐거움 중 하나였다. 그런데 이제는 그 즐거움과 여유, 소박한 호사를 빼앗겨 버렸다.

몇 년 전까지만 해도 우리 동네에도 책방이 있었다. 그러나 온라인 서점의 할인과 무료배송에 밀려 부득이 폐점할 수밖에 없었다며 '그동안 이용해 주셔서 고마웠다'는 문자가 날아들었다. 이젠 그 여파로 나름 대형서점이라는 곳들까지도 하나둘씩 사라지고 있다. 동네 책방에 들러 주인과 세상 사는 이야기며, 지난번 구입한 책 이야기, 요즘 잘나간다는 베스트셀러에 관한 이야기를 하다 보면 시간 가는 줄 몰랐었다.

그렇다 보니 요즘은 나도 인터넷으로 필요한 책을 산다. 인터넷으로 사면 편리하기도 하거니와 저렴하기까지 하다. 편리함과 저렴함이라는 유혹에 내 즐거움을 맞바꾸기에는 조금은 억울하지만 어쩔 수 없는 현실 앞에 무릎을 꿇을 수밖에 없었다.

오래전 고등학생 시절, 가끔 시내에 나가면 원주 가톨릭센터 옆 Ａ 도로변에 있는 헌책방을 습관처럼 들르곤 했었다. 공부를 잘하려고 참고서를 사기 위해 책방을 들른 것은 아니었다. 초등학교 때도 전과나 수련장은 물론 중·고등학교 때도 참고서라는 이름이 붙은 녀석들의 자리는 내 책꽂이엔 없었다. 그곳엔 몇 군데의 헌책방이 있었다. 사고 싶은 책과 사야 할 책들이 있었지만, 주머니는 언제나 허기져있었다. 그래도 헌책방에 들어가면 주인아저씨보다 제일 먼저 나를 반겨주는 건 오래된 종이에서 풍기는 곰팡이냄새다. 나는 그 냄새를 좋아했다. 헌책방의 냄새가 좋았고, 소설책을 읽으며 이야기 속으로 빠져드는 시간이 좋았다. 주인아저씨의 눈치를 봐가며 보고 싶은 책을 뽑아 구석에 기대어 읽곤 했다. 다행히도 주인아저씨는 눈치를 주거나 싫어하지는 않았던 것 같았다.

그러던 중 내 노력으로 번 돈으로 육성회비를 내고 남은 돈으로 교재를 사기 위해 그 헌책방에 들렀다. 보충수업 교재로 꼭 필요했던 '수학의 정석'. 보충수업 때마다 옆 친구의 책을 같이 봐야 해서 여간 미안한 것이 아니었다.

진열대에 쌓여있는 '수학의 정석'을 당당하게 집어 들고, 가끔 들를 때마다 조금씩 읽던 소설 '테스'를 책꽂이에서 뽑아 들고 계산대로 향했다. 육천 원이라고 한다. 수중에 남은 돈은 사천오백

원뿐이다. 슬며시 '테스'를 제자리에 꽂아 놓았다. 주인아저씨는 나를 쳐다보며 돈이 모자라느냐고 묻는다. 나는 창피해서 고개만 끄덕였다. 그러자 주인아저씨는 '수학의 정석'값만 받을 테니 '테스'는 나중에 돈 벌면 갚으란다. 그동안 이곳에 드나드는 걸 보고 성실하고 착해 보여서 그러는 것이니 부담으로 느끼지 말란다.

그런 일이 있고 나서 오랜 시간 동안 그 일을 까맣게 잊고 살았다. 물론 '테스'도 시간이 흘러 어디로 사라졌는지 알 수 없다.

인사이동으로 원주에 근무하게 되었다. 긴 세월을 떠나 있었던 고향에서 근무하게 되어 감회가 새로웠다. 고등학교를 졸업한 지도 어느새 이십여 년이 지나 있었다. 그리 좋은 추억은 없지만, 모교를 찾아가 변해버린 교정도 둘러보고, 매를 맞고 화살 맞은 사슴처럼 모로 누웠던 숲도 둘러보았다. 그리고 가끔 쏘다니던 시내 골목들도 걸어 보았다. 짜장면 냄새를 몰래 훔쳐 먹었던 길, 가끔 들르던 헌책방이 몰려 있던 길을 걸어보았다. 그제야 묵은 책값 생각이 났다. 그 책방이 있던 곳으로 갔지만 책방은 사라지고 없었다. 이미 오래전에 문을 닫았다고 했다. 주변에 있었던 책방도 마찬가지다. 헌책방 주인아저씨가 나중에 돈 벌면 갚으라며 건네주던 소설책 '테스'!

아! 묵은 책값은 어찌해야 하나! 지금은 돈을 벌고 있기에 그 책값쯤은 부담 없이 갚을 수 있는 능력이 되는데! 그동안 까맣게 잊고 있었던 것은 내 기억의 오류에서 온 것인지, 아니면 애써 지난 기억을 지워버리려 했던 것인지는 알 수가 없다. 누구는 몇십 년 전 도둑 열차를 타고 상경했던 일 때문에 도덕적인 상처를 견딜 수 없었다며 그때 운임의 몇백 배에 달하는 금액을 갚았다는데 나는 어찌해야 하나.

하도 많이 읽어서 지금까지도 테스(테레사 더비필드)의 줄거리와 주인공들의 이름도 어렴풋이 기억하고 있고, 작가가 영국의 작가인 '토머스 하디'라는 것까지도 기억하고 있으면서 묵은 책값을 잊고 있었다니, 무심한 나를 책망할 수밖에 없다.

이제는 헌책방에서 오래된 활자를 갈피 갈피에 품어 안고 내뿜던 곰팡이냄새도, 책방 아저씨의 넉넉한 인심도 느낄 수가 없다.

서점 창가에 앉아 책장을 넘길 때마다 사각거리던 책장의 숨소리를 들으며 즐기던 여유도 사라져 버렸다.

이젠 표정 없는 컴퓨터 화면에 대고 책을 보내 달라 손가락을 까딱거리고, 배달된 책장을 넘기며 시간을 보내고 있다.

황토방

 가진 것도, 배운 것도 없는 보잘것없는 나를 선택한 아내에게 삼십 년이 넘도록 숱한 고생을 시켰다. 흔한 말로 이제 편히 살만 하니까 몸에 탈이 났다. 모든 게 내 잘못이고 내 탓인 것만 같아 마음이 아프고 미안하다.
 아내가 암이라는 질병과 힘겹게 싸우고 있는 동안 내가 해줄 수 있는 게 아무것도 없다는 사실에 자괴감이 들었다.
 그래도 무언가는 해줄 수 있는 일이 있지 않을까 고민하던 중, TV에서 황토로 집을 짓는 사람들이 소개되고 있었다. 황토는 원적외선을 방출하여 각종 염증을 개선하고 노폐물 배출에 탁월한 효과가 있다고 했다. 그뿐만 아니라, 혈액순환에도 도움을 주어 암 예방은 물론 치료에도 좋다고 했다. 요즘 들어 건강을 위하여 황토집을 지으려는 사람들이 부쩍 많아졌다고 했다. 암 예방과 치료에 효과가 있다는 소리에 눈이 번쩍 뜨이고 귀가 솔깃하다. 방송을 보고 나서 나도 아내를 위해서 황토집을 지어보리라 결심했다.
 다행히 뜰 안 정원 옆, 작은 텃밭으로 쓰고 있는 공간이 있어 그나마 용기를 낼 수 있었다. 마음의 결정을 하고 나니 급해졌다. 아내를 위해 짓는 집도 남의 손을 빌리지 않고 혼자의 힘으로 지어보기로 마음먹었다. 물론 경제적인 여유가 풍족하지 않다 보니, 건축비를 아껴보려는 의도도 없지는 않았다. 아내를 위해서 할 수 있는 일이 생겼다는 게 즐거웠다. 여러 날 황토 집짓기에 필요한 정보를 얻기 위해 인터넷을 휘젓고 다녔다. 휘젓고 다녔다는 말은 거짓이고, 독수리 타법으로 여기저기 겅중거리며 헤매고 다녔다는 말이 옳다. 어릴 적 시골에 살 때 아궁이에 불을 때서 소죽을 끓이던 생각이 나면서, 아궁이와 구들의 구조도 더듬어 보기도 하고, 황토집을 짓는 동영상도 찾아보며 나름대로 공부를 열심히 했다.

아궁이에서 나무 장작이 활활 타오르는 근사한 황토방을 상상하니 마음이 뿌듯했다. 그런데 문제는 경험도 없고 지식도 없다는 것이다. 하지만 그런 장애가 아내를 위해 집을 짓겠다는 나의 의지를 꺾지는 못했다. 누군가 말한 것처럼 '무식(無識)하면 용감하다.'했던가. 겁도 없이 황토벽돌공장과 제재소, 건축자재 대리점을 돌아다니며 필요한 물품들을 물어가면서 주문했다. 장판도 건강을 위해서 한지와 황토를 혼합해 만든 황토 타일로 주문했다. 가는 곳마다 경험 없이 혼자 집을 짓는다는 건 어려울 거라면서 고개를 갸웃거린다. 알 수 없는 야릇한 웃음도 보인다.

조급한 마음에 집을 짓는데 소요되는 자재를 불과 나흘 만에 모두 준비했다. 황토벽돌, 황토 몰탈, 구들장, 단열용 스티로폼, 대들보, 서까래, 지붕 자재 등이 하나둘씩 도착했다. 점점 쌓여만 가는 자재들이 마당에 산더미를 이룬다. 그걸 바라보고 있자니 엄두가 나질 않는다. 아내를 위한 일이기에 남의 손에 맡기고 싶지 않다는 오만과 객기가 후회로 밀려온다. 잘못을 저지른 어린아이처럼 겸손해진다. 세평 정도의 황토방을 짓는데 저렇게나 많은 자재가 필요하다니, 겁 없이 대들은 내가 한심스러웠다. 마치 조그마한 초등학생이 덩치 큰 씨름선수를 올려다보며 한판 붙어보자는 꼴이 되었다. 그러나 이젠 물러설 곳도 되돌릴 수도 없다. 제대로 된 설계도도 없는 집짓기를 해야만 한다. 주먹구구식 설계도. 그것도 내 머릿속에만 막연하게 저장된 무모한 설계도. 어린아이가 레고블럭을 가지고 집짓기 놀이하는 것도 아니고, 스스로 생각해도 한심하다. 그래도 무모함이 장착된 무식함으로 머릿속에 있는 구상에 따라 기초공사를 시작했다. 마치 수년간의 경험을 쌓은 전문가나 된 듯이 혼자서 터를 닦고 다지고, 아궁이를 만들고 구들을 놓았다. 아내가 하루속히 완치되기를 기도하는 마음으로 1,200장의 흙벽돌을 한 장 한 장 정성을 다해서 쌓아 올렸다. 단열과 견고함을 위해 벽돌은 이중으로 쌓았다. 기술도 없고 혼자서 하다 보니 진도는 더디기만 했다. 공교롭게도 벽체 공사를 마치고 지붕 공사를 시작할 무렵, 아내의 항암 치료와 방사선 치료가 시작되었다. 아내를 데리고 병원에 다니면서 틈틈이 공사를 진행했다.

여러 우여곡절을 거쳐 드디어 황토방 짓는 일도 마무리 되어간다. 아내가 병원에 치료받으러 갈 때마다 동행은 해주었지만, 황토방을 짓는답시고 그 일에 신경을 더 썼다. 그러다 보니 아내에게 조금은, 아니 많이 소홀할 수밖에 없었다. 그래도 아내는 불평 한마디 하지 않았다. 속은 부글부글 끓었겠지만 자기를 위해서 하는 일이라는 허울 좋은 명분 때문에 속만 끓였을지도 모를 일이다. 정말 많이도 미안했다. 무식하고 무모한 도전 끝에 황토방은 두 달여 만에 마무리되었다. 황토방이 완성하던 날 작지만, 아담한 새집을 바라본다. 제법 집 모양을 갖추고 있다. 어설프긴 하지만 가지런하게 쌓아 올린 황토벽돌, 쉥글로 덮인 그럴듯한 지붕, 크게 벌린 하마의 입을 닮은 아궁이, 승무를 추듯 고깔모자를 쓰고 우뚝 솟은 굴뚝.

 방 안으로 들어가면 황톳빛 장판이 깔러있고, 벽은 미장을 한 후 초배 벽지로 마무리했고, 천정은 나무무늬 합판으로 마감해서 포근함을 더해준다. 내 손으로 지은 집이란 생각에 흐뭇하고 대견스럽다.

 그 어렵다는 일을, 불가능하다는 일을, 나 혼자서 해냈다는 자부심에 머리를 쓰다듬어주고 싶었다. 설레는 마음으로 아궁이에 불을 지폈다. 장작은 제 몸을 태우면서 활활 타오른다. 시뻘건 불꽃이 고래 속으로 빨려 들어간다. 캄캄한 방고래를 헤치고 굴뚝으로 솟아오르는 하얀 연기를 보니 감격스럽다. 저 연기가 아내의 병을 모두 감싸 안고 하늘 높이 올라 사라져 버렸으면 좋겠다고 생각했다. 그리고 그렇게 되기를 간절한 마음으로 기도했다. 공연히 코끝이 시큰해져 온다. 그건 순전히 덜 마른 장작이 타면서 아궁이에서 새어 나오는 연기의 탓만은 아니었으리라.

 올해로 칠 년째 황토방에서 겨울을 보낸다. 뜨끈뜨끈한 아랫목에 누울 때면 따뜻해서 좋다고 하며 고마워하는 아내. 그 말을 들으니 그동안 미안했던 마음의 빚을 조금은 갚은 것 같은 기분이 든다.

 오늘도 군불 땐 황토방 아랫목은 따뜻하다.

 삶이란 잘 데워진 구들장처럼 뜨끈뜨끈한 온기로 서로의 마음을 감싸주고 덥혀주며 함께 헤쳐 나가는 일이 아닐까?

30여 년 직장 생활을 마쳤다. 성과 중심의 부담에서 벗어났다.
몇 달이 지나지 않아 그 시간들은 추억이란 이름으로 다가온다.

제2부

추억이란 이름과 만나는 시간들

감정 노동자의 애환

초복이 며칠 앞으로 다가왔다. 날씨는 한증막을 연상시킬 만큼 푹푹 찐다. 조금만 움직여도 등줄기로 땀이 주르르 흘러내린다. 전국이 폭염주의보와 경보가 내려졌다는 보도가 잇따른다. 그 와중에 핸드폰도 자기도 덥다며 주머니에서 꺼내 달라 졸라대듯 연신 비명을 지른다. 폭염특보가 발효되었다며 노약자는 가급적 야외 활동을 자제하라는 재난 안전안내문자다.

그럼에도 갑자기 현금이 필요한 일이 있어 집을 나섰다. 자동차 문을 열자마자 뜨거운 바람이 얼굴로 '훅'하고 덮친다. 시트는 어머니께서 엿을 고느라 오랜 시간 장작불을 땐 아랫목처럼 엉덩이가 델 정도로 뜨겁다. 시트에 엉거주춤 앉아 시동을 걸자마자 등줄기로 땀이 주르르 흐른다. 에어컨 스위치를 작동시켰으나 '우물가에서 숭늉 달라는 놈'이란 질책인지 뜨거운 바람을 얼굴에 끼얹으며 호되게 야단을 친다. 가까운 은행 현금지급기로 갔다. 은행으로 들어서자 시원한 바람이 나를 반긴다. 창구에서는 나이 지긋한 어르신이 여직원과 실랑이를 벌이고 있다. 직원은 '비밀번호가 맞지 않아 예금을 찾을 수 없다'고 하고, 어르신은 '내 돈인데 왜 안 주느냐'며 버럭버럭 소리를 지르고 계셨다. 신분증을 요구하자 '본인이 확실한데 신분증은 무슨 놈의 신분증이냐'며 연신 고함을 치신다. 얼굴이 빨개져 어쩔 줄을 몰라 쩔쩔매는 여직원의 모습이 안쓰럽다.

　은행원을 포함한 서비스산업 종사자들은 자기의 감정을 있는 그대로 표현하지 못하고 숨기며 살아간다. 회사에서 시키는 대로 정해진 매뉴얼에 따라 언제나 고객 중심으로 대화하고 응대하는 법을 익혀야만 한다. 고객의 무리한 요구에도 친절하게 응대해야만 하고, 어떤 말을 하더라도 화내고 얼굴을 붉히거나 찡그려서도 안 된다고 가르친다. 기업은 고객과 좋은 상호 관계 형성을 위해 종사자에게 더 친절하고 보다 호의적인 감정표현을 요구한다. 가끔은 고객을 가장한 모니터 요원들에게 평가의 대상이 되기도 한다. 평가에서 좋은 인상을 받지 못하거나 매뉴얼대로 응대하지 않았을 경우 특별 서비스교육 대상자가 되기도 한다. 고객들로부터 호의적인 감정을 끌어내 지속적인 거래를 유지하기 위한 최전선의 얼굴로 여기기 때문이리라. 그런 고객들을 한 명도 아니고 매일 수십, 수백 명을 상대해야 한다. 각자 성격도 취향도 요구사항도 다르다. 그만큼 대해야 하는 감정의 부피는 커진다. 하루에도 몇 번씩 감정의 소용돌이에 휩싸여 휘청대며 허우적거린다.

　고객들은 누구나 자신의 말과 행동이 잘못되었다는 사실을 알고 있음에도 변명과 합리화로 일관한다. 타인의 말과 행동이 자신의 기준과 다르다는 이유로 쉽게 틀렸다고 단정하거나, 왜곡해 버리려는 이기심이 강하다. 그런 고객들을 상대하면서 감정을 억누르고 숨기다 보면 안으로는 마음에 상처를 입는다. 비록 피가 나는 상처는 아니라 할지라도 가슴은 아리고 아프다. 그렇더라도 얼

굳은 웃음을 잃지 않아야만 한다. 그럴 때는 분명 '나'이지만, 내가 아닌 또 다른 '나'를 타인에게 보여주어야 하는 고통이 뒤따른다. 진정한 나를 가면 속에 숨기고 어쩔 수 없이 꾸며진 내가 고객들을 상대하고 있다. 그러다 보니 자신의 감정은 가뭄에 쩍쩍 갈라진 논바닥처럼 바짝 말라 버리고, 아궁이에 자신을 불사르는 장작처럼 새까맣게 타버린다.

감정이란 자신의 마음대로 되는 것이 아님에도 불구하고, 아무리 억울하고 분해도 고객 앞에서는 제대로 된 감정을 표현할 수가 없다.

며칠 전 카드 유효기간이 만료되어 내가 근무했던 은행을 방문했다. 삼십여 년이나 내가 몸담았던 곳이다. 은퇴하고 십여 년이 지났음에도 나를 알고 있는 직원들의 모습이 보인다. 밝은 모습에 과분할 정도로 반갑게 맞아주니 한없이 고맙다. 꾸밈없는 그들의 모습에선 오랜만에 만난 가족들을 보는 것만 같아 좋다. 늘 그런 모습이면 얼마나 좋을까. 과도하게 부여된 영업 목표에 시달리고, 개념 없는 막무가내 고객들에게 치이고, 우량고객의 무리한 요구에 밟히고 있을 것이다. 철저한 성과 중심의 조직문화에서 가해지는 스트레스! 내가 겪었던 일들을 지금도 감내하며 버텨내는 그들 내면의 모습을 바라보는 것은 고통스러운 일이다. 마치 자식들이 처절하게 살아가는 모습을 대하는 것 같아 안쓰럽다. 큰 태풍에 장대비를 맞았다고 해서 가랑비 맞는 일이 수월할 수는 없듯이, 아무리 많은 시간이 흘러도, 아무리 많은 경험을 해도 마음에는 굳은살이 좀처럼 박이지 않는 법이다. 그들이 겪는 감정의 소용돌이를 찻잔 속의 태풍쯤으로 치부하는 이들도 있겠지만, 찻잔의 출

령임이 호수의 그것보다 작다고 무시해서는 안 되지 않을까?

　근무할 때 여러 번 가면을 쓴 '나'로부터 벗어나고 싶었다. 어디론가 훌쩍 떠나고 싶었다. 무엇을 하지 않아도 되는 곳, 어떤 일에 대한 책임감이 없는 곳으로의 탈출을 꿈꾸기도 했다. 성과와 목표 달성의 부담에 얽매이지 않고, 고객의 무리한 요구와 마찰에서 벗어나고 싶었다. 도피로부터 얻어지는, 도피가 주는 자유로움에 맘껏 취하고 싶었다. 하지만 감히 행동으로 옮길 용기가 없었다. 아니 엄두를 낼 수 없었다. 어느 순간 후회하는 어리석음을 범하고 싶지 않았기 때문이었는지도 모르겠다.

　누군가는 짧은 근무시간에 최고의 환경에서 고금리의 대출금 이자로 무위도식하는 것처럼 보일지는 몰라도, 그들은 지금도 자기의 감정을 숨기고 틀에 박힌 한결같은 감정을 소비하고 있다.

　서비스산업에 종사하는 사람들은 자기 자신을 주체로 말하는 법을 잊어버리고 산다. '나는 무엇을 원한다.' '나는 이렇게 생각한다.' '내 기분은 지금 이렇다.'와 같은 말들을 결박당한 채, 자기의 잘못이 아니면서도 '죄송합니다.'를 연신 입에 달고 산다. 잘못이 있으면 사과하고 죄송하다고 말하는 것은 지극히 당연한 일이다.

　하지만 잘못한 일이 없으면서도, 죄송하다는 말을 입에 달고 살아야 하는 이들을 생각하면 마음이 우울해진다.

　오늘도 그들은 가면 속에서 눈물을 흘리고 있을지도 모른다.

마음이 약한 것도 병일까?

얼마 전 책장을 정리하다 오래된 업무수첩이 눈에 띄었다. 모두 정리했다고 생각했는데 아직도 남아 있었다. 재직할 때 사용했던 업무수첩이다. 그것도 자그마치 이십여 년이 훨씬 지난 1998년도 업무수첩이다. 뭐 그리 중요하고 아깝다고 보물단지처럼 아직도 버리지 못하고 있었는지. 한 장 한 장 넘기며 하루하루의 일정과 업무 내용을 훑어보다 보니 재직 당시로 되돌아간 듯 그때의 일상들이 스크린처럼 스쳐 지나간다. 그렇게 넘기던 중 내가 근무하던 은행과 거래하던 업체의 당좌수표 한 장이 갈피 사이에 끼워져 있다.

발행일 1998.03.12.일 금액 오백만 원, 발행인 ○○○. 표면에는 '이 수표는 예금 부족으로 부도처리 되어 사용할 수 없음'이란 고무인이 선명하게 찍혀져 있다. 발행인의 모습이 떠오른다. 얼굴이 까맣게 그을리도록 건설 현장을 누비시다 말고 은행으로 들어서시던 모습이 어제 일인 듯 떠오른다. IMF 외환위기를 견디지 못하고 부도처리 되던 날 허탈해하며 낙담하던 모습까지 선명하다.

왜 이 당좌수표가 내 업무수첩에 끼워져 있는지는 알 수가 없다. 아마 발행인이 수표 금액을 소지인에게 지급하고 회수했음을 확인시켜 주기 위해서 담당 책임자인 내게 주지 않았을까 싶다. 요즘은 많이 사용하지 않지만, 그때 당시만 해도 약속어음이나 당좌수표, 가계수표를 많이 사용했다. 수표를 정당한 사유 없이 결재하지 않으면 부도처리를 하고 '부정수표 단속법'에 따라 경찰서에 고발하도록 법으로 정해져 있었다. 그로 인해서 거래처의 여러 사장님을 내 손으로 고발장을 작성해서 경찰서에 고발해야만 했다. 업무규정과 법에 따를 수밖에 없는 일이었지만, 고발장을 접수하려 경찰서 정문을 들어설 때마다 마음이 얼마나 불편했는지 모른다.

몇 장을 더 넘기니 특정 날짜의 일정이 적혀있다. 이번에는 차주ㅇㅇㅇ 아파트 경매 진행. 신용대출 차주 ㅇㅇㅇ채무명의 취득을 위한 소송 진행.

조금만 더 기다려 달라고 애원하던 그들의 목소리가 지금도 귓가에 들리는 것만 같다. 오래전에 지나간 일들인데도 그날처럼 마음이 아프다. 그놈의 법은 뭐고 규정은 무언지, 지키지 않으면 나에게 불이익이 돌아오니 지키지 않을 수도 없다. 그들의 애원을 들어줄 수 없어 애써 외면할 수밖에 없는 처지와 자리가 늘 가시방석이었다. 가끔 나에게는 이 업무가 적성에 맞지 않는 것은 아닐까? 어울리지 않는 것은 아닐까? 하는 생각을 하면서 근무했다. 높으신 분들의 지시 사항보다는 동료 직원들의 고충이나 고객들의 안타까운 사정들이 더 마음이 쓰였다.

은행에 근무하는 동안 법과 규정을 지킨다는 명분으로 얼마나 많은 사람들을 고발해서 범법자로 만들었고, 얼마나 많은 사람들의 재산을 경매로 잃게 만들어 거리로 내몰았던가! 법정에서 연체

된 대출 차주를 상대로 원고의 자리에 서서 피고인들의 표정을 바라보는 일이 얼마나 불편하고 미안했던가! 그러면서도 그도 모자라 '금융 불량 거래자'로 낙인을 찍을 수밖에 없었다. 그들의 원망하는 말과 낙심한 표정이 지금도 잊혀 지지 않는다. 과연 나에게 그럴 권리와 힘이 있었던 걸까?

크고 화려한 꽃보다는 작고 여린 꽃, 들에 피어있는 빈약한 꽃들에 눈이 더 간다. 앞에 나서서 우뚝 서 있는 꽃보다는 수풀 속에 숨듯이 몰래 피어있는 꽃들에 마음이 더 가는 것은 무엇 때문일까. 동창회에 가서도 출세한 친구들의 으스대는 모습보다는, 얼굴이 보이지 않는 친구들이 궁금한 것은 또 무엇 때문일까. 혹시라도 어려움을 겪고 고통스러운 날들을 보내고 있지는 않은지 걱정되고 마음이 쓰인다. 사업이 번창해서든, 물려받은 재산이 많아서든, 허세와 거드름이 몸에 밴 고액의 예금주보다는, 허리춤에서 꼬깃꼬깃하게 구겨진 지폐를 꺼내 예금통장과 함께 내미는 할머니에게 마음이 더 갔다. 대출금 이자를 하루라도 밀리지 않으려 애쓰며 힘겨운 삶을 살아가는 어려운 사람에게 마음이 더 가는 것은 무엇 때문일까. 그건 아마도 내가 마음이 약하기 때문은 아닐까?

마음이 약하다는 건 자기의 주장을 덜 내세우거나, 타인의 의견이나 주장에 맞서지 않고 어쩔 수 없이 수긍하는 사람. 그 속에서 받는 스트레스를 혼자 삭이며 지나치게 감성적이라 눈물이 많을 것 같은 사람으로 생각할 수도 있다. 그러나 타인의 감정과 기분을 배려하는 이타적인 성격의 소유자로, 생각이 깊고 넓은 마음을 가진 사람으로 생각해 주면 안 될까? 자신의 의견이나 주장이 무시당하거나 거절될 것이 두려워 앞으로 나서지 않는 것이 아니다. 자신의 논리나 주장이 약하다거나 없는 것, 또한 아니다. 타인의 입장을 배려해서 한 발 뒤로 물러설 수 있는, 양보하고 배려할 수 있는 융통성을 갖춘 진정 강한 마음을 소유한 사람으로 생각해 주면 안 될까? 앞으로 나서지 않는 것은, 굳이 나서서 움직일 필요가 없는 사소한 일들은 그냥 흘려보내는 넓은 아량의 소유자라고 생각해 주면 안 될까?

그런 생각을 하던 중 권석천의 '사람에 대한 예의'라는 책의 구절이 생각난다. '소심할 뿐인 성격을 착한 것으로 착각하고, 무책임함을 너그러움으로 포장하며 무관심을 배려로, 간섭을 친절로 기만하지 않았느냐.' 묻는 대목에 움찔했던 기억이 떠오른다.

그 물음에 나는 착하고 너그러우며, 친절하고 배려 잘하는 사람이라 우기고 싶었다.

누군가는 '마음이 약한 것도 병이다'라고 말하곤 한다. 하지만 그 약한 마음 덕분에 오늘 하루도 다툼이 하나 줄어들었을 수도 있다.

세상이 조금은 더 따뜻해지고, 한 뼘쯤은 더 밝아졌을 수도 있다. 어쩌면 이런 내 생각이 변명처럼 들릴 수도 있지만 말이다.

정말 마음이 약한 것도 병(病)일까?

역지사지 易地思之

우리는 세상을 살아가면서 수많은 갈등으로 인해 서로 부딪치며 살아간다.

갈등이라는 말의 근원은 칡을 의미하는 갈(葛)과, 등나무를 뜻하는 등(藤)이라는 한자어가 합쳐져서 이루어졌다고 한다. 칡의 넝쿨은 오른쪽으로 감고 올라가고 등나무 넝쿨은 왼쪽으로 감고 올라간다고 한다. 그래서 서로 반대 방향으로 감고 오르다 보니 얽히고설킨 채 풀기 어려울 지경에 이른다는 것이다.

우리의 생활 속에는 언제 어디서나 갈등은 존재한다. 가족이나 연인, 직장동료나 친구 사이, 더 나아가서는 세대 간, 지역 간, 국가 간에도 갈등은 존재하게 마련이다. 또 우리들 마음속에서도 하루에도 수십 번씩 갈등을 겪는 일이 발생한다. 우리는 흔히 '다르다'와 '틀리다'를 혼동해서 잘못 쓰는 경우를 흔하게 볼 수 있다. '다르다'는 비교가 되는 두 대상이 서로 같지 아니하다 이고, '틀리다'는 셈과 사실 따위가 그르거나 어긋남을 뜻한다. 서로 생각과 가치관이 다르다는 이유로 쉽게 편을 나누고, 서로 적대시하는 모습을 발견하게 된다. 누군가의 생각이나 가치관이 나와는 틀린 것이 아니라, 나의 부족함을 알려주는 것일지도 모른다. 아니 미처 생각하지 못한 한 조각을 채워주는 또 다른 삶의 모습일 수도 있다. 틀린 것이 아닌 다름을 인정해 주고 받아들일 때, 우리네 삶은 조금 더 밝고 즐겁게 변화하지 않을까? 더 나아가서 상대의 의견을 수용할 수 있는 마음속 여백을 마련해 두면 어떨까. 자신의 의견과 입장을 철회하고, 상대의 견해를 받아들이는 아픔까지 감수할 수 있다면 얼마나 좋을까. 말하기는 쉬워도 실천에 옮기기가 참으로 어렵고, 마음같이 되지 않는 것이 현실이지만 말이다.

갈등은 오해와 편견에서 오는 경우가 많은 것 같다.

그래서 그랬던지, 나는 결혼 초에는 아내와 많이도 다퉜었다. 생활이 어렵다 보니 금전 문제도 한몫했지만, 자라온 환경도, 생각도, 가치관도 다른 데서 오는 갈등이 문제였다. '다르다'는걸 인정하고 이해했어야 함에도, 나와는 '틀린' 생각으로 나를 이해해 주지 않는 데 대한 불편함에서 비롯된 다툼이었다. 누가 이기고 지는 것도 아니요, 누가 잘했고 잘못했음도 아니다. 다만 서로의 견해가 조금 다르고 생각이 조금 다를 뿐이었다.

자를 재는 막대가 잣대다. 사람마다 잣대의 기준이 다르니 나에게 한 자가, 다른 사람에게는 한 자가 아닐 수도 있다. 그래서 사람마다 각자의 잣대를 가지고 세상을 본다. '다름'을 '틀림'으로 오해해서 마음속으로 많이 갈등했다. 내가 먼저 생각을 바꾸고 다름을 인정하면 되는 일인 것을.

옛말에 '맹수는 길들이기 쉬우나 사람 마음은 길들이기 어렵고, 계곡은 메우기 쉬우나 사람 마음을 만족시키기는 어렵다'는 말이 있다. 그동안 상대의 마음과 생각을 고쳐 보겠다는 헛된 노력으로 자신을 괴롭혔다는 사실을 뒤늦게서야 깨달았다.

직장생활에서도 수많은 갈등과 마주쳐야만 했다.

매일 마주 대하는 많은 고객들, 직장 내에서 상사와 동료들, 그들과의 견해나 의견 차이가 수시로 발생했다. 거기에서 오는 불신과 오해로 인해 받는 스트레스를 감당해 내기 쉽지 않았다. 한 배(腹)에서 같은 날 태어난 쌍둥이들도 각자 생각과 개성이 다를 진데, 수많은 사람 중에서 자신과 생각이나 이념이 똑같기를 바라는 것은 무리가 아닐까?

어느 날 거래하면서 알게 된 사이로, 허물없이 이야기를 나누며 가깝게 지내게 된 친구가 찾아왔다. 근무 중인 나에게 마누라와 심하게 부부싸움을 했다며 하소연했다. 아직도 분한 마음이 풀리지 않았는지 얼굴색이 붉게 달아오르며 숨소리까지 거칠었다. 싸우게 된 이유야 어찌 됐든, 부인의 입장이 되어서 한 번쯤 생각해 보기를 권했다. 유식한 말로 역지사지(易地思之)를 해보란 말을 했더니 "야! 그러면 평생 싸울 일이 없게?"라며 손사래를 쳤다. 그러면서 "나만 손해 보는 것 아니냐"며 머리를 절레절레 흔든다.

그렇다, 손해 볼 수도 있다. 그러나 불법적이고 부도덕한 일만 아니라면 부부 사이에 손해 좀 보면 어떤가. 역지사지를 다른 말로 표현하면 '배려'라고 할 수 있지 않을까? 배려는 그냥 생겨나지 않는다. 상대에게 주의를 기울여야 하고 관심을 가져야 한다. 상대가 어떻게 느낄지 어떤 생각을 할지도 헤아려야만 한다. 아무도 객관적인 생각으로, 나의 기준으로 다른 사람의 생각과 삶을 판단할 수는 없다. 다른 이의 마음을 헤아린다는 게 쉽지만은 않다는 건 익히 알고 있는 사실이지만.

며칠 후에 그 친구로부터 저녁 식사나 같이하자는 전화를 받았다. 내 이야기를 듣고 곰곰이 생각을 해보니 아내의 입장이 조금은 이해가 되더란다. 그래서 '미안했다' 화해를 청했더니 '웬일이냐'며 환하게 웃더란다. 그리고 그날 밤 뜨거운 밤을 보냈단다. 자기의 생각과 다르다고 비웃거나 구박하는 대신, 상대의 기준에 맞지 않음을 인지하고 거리를 좁히는 방법을 배워나가야겠다며 전화를 끊었다. 퇴근 후 기분 좋게 소주잔을 기울이며 맛있게 저녁식사를 마치고 헤어졌다.

소주를 한잔한 탓에 대리운전 기사를 기다리며 생각했다. '역지사지!' 알고 있으면서도 제대로 실천하지 못하고 살고 있다. 그런 주제에 친구에게 실천을 해보라고 권유한 자신이 같잖다는 생각이 들어 부끄러웠다. 그렇지 않아도 부끄러운데 소주 기운이 올라와 얼굴이 더 화끈거린다. 우리는 같은 사물을 보더라도 사람마다 다르게 느끼는 것은 마음이 다르기 때문이다. 그 사실을 잊고 나와 마음이 같지 않으면 속상해하고 실망한다. 사소한 의견이나 생각의 차이를 견디지 못하고 서로 적대시하고 저주하기도 한다. 서로 다름을 인정하고 이해하며, 배려하는 마음으로 살아간다면 조금은 더 행복한 삶을 살 수 있지 않을까? 자기의 편견과 아집의 노예가 되어 사느니, 상대의 생각을 받아들이는 아픔을 겪는 게 더 낫지 않을까? 어쩌면 불가능하고 어려운 일일지도 모르지만 말이다.

'상대방의 생각이 나와 똑같아지기를 바라는 것은 욕심이자, 더 나아가서는 폭력'이라는 말을 다시 한번 되새겨본다.

뻐꾸기 우는 사연

어제는 비가 내렸다.

어느덧 흐드러지게 피었던 목련 꽃잎도 바람에 흔적도 없이 사라지고, 아카시 꽃잎도 갈색 빛으로 변한 채 땅바닥에 떨어져 뒹굴고 있다. 화려했던 모습과 그윽했던 향기는 어디에서도 찾아볼 수가 없다. 자연의 이치에 반항 한번 해보지 못하고 순응하며 스러져가는 모습이 애처롭기만 하다. 그 뒤를 이은 장미와 찔레꽃이 만발하여 먼저 간이들의 허전함을 달래주고 있다. 대지는 촉촉하게 젖어있고 녹음은 더 짙은 초록으로 빛난다. 피어있는 꽃들은 따사로운 햇살과 이슬을 머금고 꽃잎을 활짝 펼친다. 그리 멀지 않은 곳에서 뻐꾸기 울음소리가 들린다. 그 소리를 들으니 작년 이맘때쯤 이웃집 어르신이 하신 말씀이 생각난다.

"자네 봄과 여름을 경계 짓는 것이 무언지 아는가?"

그 물음에 나는 잘 모르겠다는 표정으로 그 어르신을 바라볼 뿐이었다.

"어느 날 문득 뻐꾸기 소리가 귓전에 들려오면 그게 여름의 시작이라네. 먼 나라에서 날아온 뻐꾸기가 여름의 시작을 알리는 자명종 같은 역할을 하는 셈이지" 했다.

그러면서 게으른 농부에게 어서 콩을 심으라며 호통치는 소리라는 말씀도 함께 해주셨던 것 같다.

뻐꾸기에 관해서 한 가지 더 생각나는 일이 있다. 내가 퇴직하기 전 현직에 있을 때였다. 회사 운영자금의 상환을 마친 거래처 직원에게 저녁 식사를 대접하고 싶었다. 나보다 열서너 살 아래지만 성실하고 믿음이 가는 친구여서 각별하게 대해줬던 사람이었다. 저녁 식사를 하면서 반주로 곁들인 술이 과했던지 갑자기 그의 눈시울이 붉어지는 것이었다. 나는 당황스러워 눈치를 살피고 있었다. 그 친구는 붉어진 눈시울을 감출 생각도 하지 않고 갑자기 나를 향해 "차장님, 뻐꾸기 우는 사연을 아시나요?" 한다. 갑작스러운 질문에 나는 그저 그 친구의 눈썹 끝에 맺혀있는 눈물방울에만 온 신경을 쓰고 있었다. 그래서 아무런 대답도 하지 못했다. 마침, 식사 장소가 도시에서 조금 떨어진 외곽이라 가까이에서 뻐꾸기 울음소리가 들렸다.

그는 이맘때만 되면 뻐꾸기 울음소리 때문에 마음의 몸살을 앓는다는 것이다. 태어나면서부터 부모가 누구인지 모른단다. 성도, 이름도 보육원에서 지어준 것이란다. 뻐꾸기가 남에 둥지에 알을 낳아놓고 나 몰라라 떠나버렸다는 사연을 알고 나서부터, 감당할 수 없을 정도로 가슴에서 회오리바람이 인다고 했다. 마치 뻐꾸기가 남에 둥지에 알을 낳아놓았듯, 자기의 부모가 자기를 보육원에 버리고 떠나버렸다는 생각이 들었기 때문인 것 같다고 했다. 그동안 힘들게 살아온 과정을 생각하면 너무도 억울해서 미칠 것만 같다고도 했다. 뻐꾸기도, 내 부모도 그럴만한 사정이 있었다고 치더라도 도저히 이해할 수도, 이해도 되지 않는단다. 그의 눈

썸 끝을 잡고 안간힘을 쓰며 매달려 있던 눈물방울은 끝내 그의 술잔 속으로 떨어지고 말았다. 남에 둥지에 자식을 버려놓고 이제 와서 어미를 못 찾아올까 봐 울음을 토해내는 뻔뻔함과 비열함에 소름이 돋는다고 했다.

　살아간다는 것은, 살아있는 동안에 자신에게 주어진 숙명을 이겨내기 위해서 수없는 수고와 비용을 치르게 되어있다 하더라도, 너무 불공평하다고 했다. 살아간다는 자체가 대가를 치르지 않으면 이어갈 수 없다는 사실이 힘겹다고도 했다. 지금은 결혼도 하고 아들 하나, 딸 하나를 키우며 행복하게 살고 있지만, 뻐꾸기 우는 소리만 들려오면 자기도 모르게 눈물이 난다고 했다. 마음속에 쌓여있던 응어리가 꿈틀거릴 때마다 가슴이 아리다 했다. 말을 마친 그는 술잔에 장렬하게 투신한 그의 서러운 응어리를 술과 함께 다시 그의 입안으로 털어 넣었다. 그 이야기를 듣고 나서 그 친구가 안쓰러웠다. 지금까지 어려운 환경을 잘 버텨낸 그가 참 대단하다는 생각이 들었다. 그리고 남에게 밝히기 쉽지 않았을 사연을 내게 털어놓았다는 사실이 고맙다는 생각마저 들었다. 그래서 아무 말 없이 어색하지만, 그 친구를 안아 주며 등을 쓸어 주었었다.

　뻐꾸기는 여름 철새다.

　초여름에 왔다가 가을이면 떠나간다. 뻐꾸기가 탁란(托卵)하는 이유는, 멀고 긴 이동으로 기력이 없고, 짧은 번식기 때문에 둥지를 틀 시간적인 여유가 없어서란다. 또한, 큰 덩치에 비해 짧은 다리로 인하여 알을 품을 수 없는 신체 구조 때문이라고도 한다. 그러나 그 친구의 말처럼 어떤 변명으로도 용서될 수 없는 일인지도 모른다. 어미는 남에 둥지에 몰래 알을 낳아놓고, 그도 모자라 남의 알을 땅에 떨어뜨려 버린단다. 부화한 새끼의 맨 처음 행동은, 같이 부화한 둥지 주인의 새끼를 밀어내 살생하는 짓을 벌인단다. 누가 시키지도 않았건만 본능적으로 하는 행동이란다. 어떤 이는 자연의 이치이고 진화가 낳은 행동이니 도덕적으로 비난할 일은 아니라고도 하지만, 너무 잔인하지 않은가.

또다시 뻐꾸기 울음소리가 들린다.

저 울음소리는 제 새끼를 한 번도 품어주지 못한 설움 때문인가. 아니면 제 새끼를 품어 키워준 다른 새에 대한 미안함과 참회 때문인가.

새끼가 부화하고 어느 정도 자랄 때까지 둥지 주변을 맴돌며 어미의 소리를 들려준다는 뻐꾸기. 아무리 자기가 어미임을 끊임없이 알리려는 과정이라고는 하지만, 과연 이를 애끓는 모성의 표현이라 할 수 있을까? 어미의 책임과 의무, 도리와 천륜마저 저버린 행동에 모성애라 이름 붙여도 되는 것일까? 모성애를 빙자한 비열한 울음소리가 아닌, 자식을 돌보지 않은 참회의 울음이기를 기대해 보지만, 진실은 뻐꾸기만이 알고 있을 것이다.

누구도 그 입장이, 그 처지가 되어보지 않고서는 함부로 옳고 그름을 판단할 수 없지 않을까? 하는 생각도 해본다. 뻐꾸기에 대해서도 그렇고, 뻐꾸기 때문에 가슴앓이하는 그 친구에 대해서도 말이다. 퇴직하기 전까지는 그 친구와 가끔 연락하고 지냈지만, 퇴직하고 나서는 연락이 끊겼다.

또다시 뻐꾸기 우는 계절이 돌아왔다. 지금은 그 친구가 부디 가슴앓이하지 않고 행복하게 잘 지내고 있으리라 믿고 싶다.

앨범 속에서 다시 만난 사람

　그리 많은 나이는 아니지만 그래도 살아온 세월이 꽤나 흘렀다.
　나이 탓일까, 요즘은 코로나19로 인해서 외출도, 사람들 만나는 것도 어려워져 집에만 있다 보니, 지나온 날들을 돌아보며 추억을 뒤적이며 보내는 시간이 잦다.
　오늘도 책장을 정리하다 오래된 앨범이 눈에 들어왔다. 오래된 책장을 넘기듯 기억 속 깊숙한 곳에 넣어둔, 먼지 쌓인 추억을 들추어 본다. 가슴 시린 시절, 행복한 시절 등, 이런저런 날들의 표정이 먼지를 털며 걸어 나온다. 반가운 마음에 첫 장을 넘겼다. 누렇게 빛이 바랜 낡은 종이가 접혀 끼워져 있다. 궁금한 마음으로 펼쳐보았다. '직원 비상 연락망'이라고 쓴 손 글씨가 눈에 들어온다. 도표가 그려져 있고, 다섯 개조로 구성되어 있다. 각 조에는 여섯 명씩 네모 칸 안에 이름과 연락처가 막혔던 숨을 몰아쉰다. 오랜 어둠 속에 갇혀있었던 탓인지 이름들이 눈이 부신 듯 가늘게 눈을 뜨고 기지개를 켜며 나를 쳐본다. 어느 집 가계도를 보는 것 같다. 반갑기도 하고 신기하기도 했다. '어떻게 이게 아직도 여기에 있지?' 하도 반가워서 혼자 들뜬 마음으로 중얼거렸다. 사십여 년 전 강릉에서 근무할 때 받았던 비상 연락망이다. 같이 근무했던 동료들, 상사들의 이름을 하나하나 짚어가며 얼굴을 떠올려 본다. 마치 잊고 지냈던 오래된 고향 친구를 만난 듯 반갑다. 그중에는 지금까지도 연락을 주고받는 이들이 꽤 여럿 있지만, 이미 이 세상에 없는 이들도 십여 명이나 된다.

시간을 거꾸로 돌려 추억을 한 장씩 천천히 넘긴다. 비상 연락망에서 글씨로만 만났던 사람들의 얼굴이 보인다. 새파란 청춘 시절, 울긋불긋 등산복 차림의 그들은 하나같이 웃고 있다. 아마 어느 해 가을 야유회 때 찍은 사진인 것 같다. 얼굴을 하나하나 짚어가며 이름과 그들과의 추억을 떠올려 본다. 반가운 마음에 각각의 얼굴을 쓰다듬어 보지만 아쉬운 마음만 더할 뿐이다. 결산기나 정기 감사 때면 야근을 밥 먹듯이 함께 했던 그리운 동료들. 짜장면으로 저녁을 때워가며 밤샘 근무를 함께했던 동료들. 그중 남자들은 연락도 하고 근황을 띄엄띄엄 듣고는 있지만, 여직원들은 그조차도 없어 궁금하다. 지금쯤이면 할머니가 되어있을 그들. 지나간 일들과 시간을 소가 되새김질하듯 되새겨본다.

81년 초봄 어리바리한 20대 중반의 청년이 입사했다.

고등학교 시절 친구들의 성화에 못 이겨 어렵사리 장만한 차비만을 달랑 들고 강릉으로 향했다. 난생처음으로 강릉 경포대에 도착해 소위 해수욕이란 걸 경험했다. 그렇게 처음으로 바다를 구경했던 영서 내륙의 촌놈이, 첫 부임지로 주문진에 있는 강원도지부로 발령받았다. 아흔아홉 굽이 대관령 고갯길을 곡예 하듯 달리는 고속버스 안에서 내 몸도 덩달아 휘청거렸다. 설렘과 기대, 걱정으로 마음 까지 휘청거리는 사이 강릉에 도착했다. 다시 주문진까지 가는 버스를 타야 했다.

첫 업무는 총무과 서무. 첫인상이 무섭게 생겼다고 느낀 총무과장님은 내 예상을 빗나가지 않았다. 햇병아리 시절이라 가끔 저지르는 실수를 용납하지 않았다. '사랑받는 것이든, 인정받는 것이든, 또 대접받는 것이든 모든 것은 본인이 처신할 나름이다. 사람들의 보는 눈은 다르지 않다'는 어머니의 말씀을 되새기며 모든 일을 열심히 했다. 궂은일은 먼저 나서고, 꾀부리지 않았다. 그러다 보니 어느샌가 물 위를 둥둥 떠다니는 기름 같다고 생각했던 내가 서서히 그들 속으로 스며들었다. 10년간 강릉에서 생활하는 동안 얻은 것이 너무도 많았다. 보물 같은 두 아들이 강릉에서 태어났다. 강원도 동해안에 소재하고 있는 수협과 어촌계를 두루 출장을 다녔다. 많은 사람을 만나고 인연을 맺었다. 최북단 고성에서부터 남쪽 원덕까지 구석구석을 둘러볼 수 있어 좋았다. 처음으로 최북단 고성으로 출장 갔을 때, 휴전선과 인접한 곳이라는 막연한 두려움으로 잠을 설쳤었다. 대진항구의 썰렁한 여관방에서 잠을 설쳤다. 이른 새벽에 깨어나 홀로 듣던 갈매기의 울음소리가 아직도 귓가에 들리는 것만 같다.

한참 동안 앨범을 보며 추억 속으로의 시간여행에 푹 빠져있었다. 사진을 보는 것이 아니라, 사진을 통해서 내 지나온 삶을 뒤돌아보는 시간이었다. 특정 시간을 공유했던 사람들과 다시 만나는 시간이었다. 때로는 사랑하고 존경했으며, 상처를 주거나 받기도 한 이들도 있다. 마음의 평온함을 얻거나 지독히도 고독했을, 익숙하거나 낯선 어느 공간들도 있다. 과거의 시간과 접속하는 시간이다. 30여 년 동안 많은 일들이 있었다. 황당한 모함으로 억울하고 난처한 상황 때문에 몇 날 며칠을 술에 의존했던 일. 부당한 업무 지시를 거부한 사유로 인사상 불이익을 받았던 일. 당좌수표 발행인이 대금을 입금하지 않아 부도처리 했다는 이유로 밤길 조심하라는 협박을 받았던 일. 믿었던 사람들로부터 뒤통수 맞은 일, 오를 수 없을 것만 같은 자리에 앉은 누군가의 명패를 쳐다보며 부러워했던 일 등, 헤아릴 수 없이 수많은 일들이 있었다. 그동안 얻은 것도, 잃은 것도 많았다. 얻었을 때는 얻은 대로 기뻤고, 잃었을 때는 힘들고 절박하기도 했다. 그러나 이제는 무엇을 이루겠다는 욕심도, 설렘도 없다. 급할 것도, 긴장할 것도 없다. 감당하기 힘들었던 문제들도, 그로 인하여 겪었던 좌절과 분노도 모두 세월과 함께 잊힌 감정이 되었다. 자유롭고 여유롭다는 말의 의미를 느끼기에 모자람이 없다. 그렇게 펑퍼짐하게 눌러앉아 한참 동안 앨범 속에서 다시 만난 사람들과도 헤어졌다. 마침, 전화벨이 울려 아쉬움을 뒤로하고 꿈같은 추억 속에서 현실로 돌아왔다.

자동차보험 만기 안내 전화다.

세월과 함께 조금씩 잊혀가는 내 앨범 속의 그 사람들이 오늘따라 많이도 그립다.

이참에 앨범 속 그 사람들에게 안부 전화라도 한번 해봐야겠다.

잊힌다는 건

무릎을 꿇고 향을 집어 촛불을 향해 손을 뻗는다.

손에 들려있는 가느다란 향이 가볍게 떨린다. 향합에 꽂힌 향은 자기 몸을 스스로 태운다. 피어오르는 연기는 풀지 못한 인연의 매듭이 무거워서인가, 어디로 가야 할지 몰라 길을 잃고 허둥대며 그 자리를 맴돈다. 영정 사진 주위로 만개한 꽃들이 밤을 밝히며 그의 주위를 호위한다.

일어서서 영정 사진과 마주 선다. 활짝 웃는 모습으로 마치 '어이! 지점장님!' 하며 반겨줄 것만 같아 목이 멘다. 나를 만나면 늘 그렇게 부르며 웃는 모습으로 반갑게 맞아주던 사람이었다. 잊지 못할 추억들은 사라지지 않고 주변을 떠돈다. 환하게 웃고 있는 그의 사진을 보며, 사람 냄새를 알려준 그에게 고마움과 미안한 마음에 차마 눈을 마주치지 못하겠다. 입사 초기부터 근 사십여 년간 인연의 끈을 놓지 않았던, 아니 놓기 싫었던 사람이었다. 같은 부서에서는 삼 년여만을 근무했지만 언제나 서로를 염려하며 서로에게 힘이 되어 주었던 사람이었다. 나보다 사 년이 연배지만 늘 존댓말을 했다. 그러시지 좀 말라고 만날 때마다 부탁을 하지만, 개의치 않는 한결같은 사람이었다. 형님같이 따뜻하고, 나이가 많다고 대우받으려 하지도, 거만하지도 않았던 사람이었다. 그래서 심적으로 많이 의지했었다. 사람에게서도 향기가 날 수 있다는 사실을 알게 해주었다. 자주는 아니더라도 어떻게 지내는지, 별 탈은 없는지 늘 서로를 궁금해하며 생각날 때마다 전화했다.

며칠 전에도 통화를 하면서 가까운 시일 내에 한번 만나자며 건강 잘 챙기라 말해주었던 사람이었다. 당뇨 때문에 인슐린주사를 스스로 몸에 찌르기는 했어도 병원 문턱이 닳도록 드나들지는 않았다. 기타를 잘 치고 노래를 잘해서 가끔 봉사활동도 하고 거리공연도 즐겨 했던 그였다.

그랬던 그분의 부고(訃告)가 느닷없이 날아들었다.

아픔과 미안함이 스며든 슬픔이었다. 그의 부고에 나는 담담하려 애썼으나, 숨이 막힐 것 같이 가슴 언저리가 저릿했다. 그것 외에는 정확한 내 감정을 알 수가 없었다. 먼 길을 운전하며 이런저런 상념에 빠져들었다. 오랜 시간을 함께 기대며 살아왔던 사람들. 같이 웃고 시시콜콜한 일상을 공유하며 친밀한 관계를 맺어왔던 사람들. 그 많은 인연 중 어느덧 이승을 떠나버린 사람들이 이루 다 헤아릴 수 없을 만큼 많아져 가고 있다는 사실을 깨닫게 되었다. 그들의 얼굴이 하나둘 눈앞에 스쳐 지나간다.

춘천에서 강릉으로 달려가는 동안 그분과의 추억이 떠올라 가슴이 먹먹하다. 멀리 떨어져 있다는 핑계로 가끔 전화만 했었다. 한 번이라도 더 만나볼걸 하는 후회가 밀려온다. 인생이란 어쩌면 후회를 등에 짊어지고 걸어가는 과정인지도 모르겠다. 고속도로를 달리는 내내 아쉬움과 그리움 때문에 나도 모르게 가속페달을 밟고 있는 발에 힘이 들어간다.

황망해하는 형수님의 손을 잡고 있으러니 콧잔등이 시큰거린다. 그런 나를 도리어 안아주며 위로를 해준다. 누가 누구를 위로하는 것인지 알 수가 없다. 경황없는 짧은 위로와 격려만으로 형수님의 마음에 위로가 될 수 있을까? 그것만으로 앞으로 홀로 견디며 살아갈 힘이 생겨날 수 있을까?

이 세상에 자신을 남겨두고 먼저 간 남편을, 차마 놓을 수 없는 아픔을 애써 참아내려는 모습이 어른거린다. 남아있는 형수님의 고통과 슬픔, 고독은 무엇으로 채울 수 있을까.

문상을 끝내고 주위를 둘러봐도 예전에 같이 근무했던 사람들은 어디에도 보이지 않는다. 다만 현직에 있는 몇몇 직원들만이 눈에 띈다.

우리는 이렇게 잊히는 것일까?

나도 이처럼 누군가의 낡은 수첩 속에 갇혀 있다가 질식해, 희미한 기억 속으로 지워지고 잊히는 것은 아닐까? 아니면 수첩에서마저 이미 지워졌을지도 모를 일이다. 생각이 거기에까지 이르자 된서리 맞은 나뭇잎처럼 힘을 잃는다. 서글픈 마음에 가슴속으로 찬바람이 밀고 들어온다.

세월에 떠밀려 자연스럽게 나도 누군가를 내 기억 속에서 지워내며 잊고 있듯이, 누군가도 나를 그렇게 잊고 살아갈 거란 생각에 이르자 가슴이 허전해진다.

나는 아버지와 어머니를 영원히 볼 수 없는 곳으로 떠나보냈을 때, 견딜 수 없을 것만 같은 그리움에 몇 날 며칠 잠 못 이루며 슬퍼했었다. 그러다가도 바쁘고 힘겨운 삶을 살아내느라 가끔은 잊고 살 때도 있었다. 그리고 사십여 년이 지난 지금은 애써 아무렇지 않은 듯 살아가고 있는 나를 본다. 잊힌다는 것은 추억의 뒤 켠 음지쪽에서, 세월에 떠밀려 기억마저 흐릿해지는 자연스러운 현상은 아닐까? 조금씩 지워진다는 것, 잊힌다는 것은 정녕 서글프기만 한 일일까?

　이젠 더 이상 볼 수 없는 사람이 되어버렸으니, 내 가슴속에 쌓인 그분과의 기억은 추억이 되어 버렸다. 비록 혼자서만 간직하고 있는 추억이 되어버렸지만, 추억이란 동반자가 있어 그나마 다행이다.

　빈소를 나오며 그분의 영정을 다시 바라본다. 그분의 미소가 어쩐지 어색해 보이고 눈빛에서는 서글픔과 쓸쓸함이 느껴지는 것은 왜일까. 그렇게 느끼는 건 다만 내 기분 탓일까? 그는 지금 어디쯤 가고 있을까. 이제 그가 없어도 바람은 또 다른 계절을 불러들일 것이고, 나는 아무렇지도 않게 그 계절들을 맞이할 것임을 안다.

　집에 돌아와 핸드폰을 열어본다.

　그동안 보내고 받았던 문자들, 프로필사진으로 그를 다시 만난다. 그분의 프로필사진은 웃는 모습으로 화면 밖으로 걸어 나올 것만 같다.

　차마 지울 수가 없어 화면 속에 다시 넣어둔다.

　부고를 듣고 장례식장에 다녀왔던 며칠 밤, 이승을 떠난 친밀했던 사람들에게 잘들 계시느냐고 안부를 물어본다.

　'잘들 계시지요?'

카드대란

'딩동!' 주머니 속이 답답했던지 핸드폰이 '문자 왔어요'하며 비명을 지른다.

사방에서 문자가 쏟아져 들어온다. 보험회사, 은행, 마트, 심지어 전혀 알지도 못하는 곳으로부터 전화가 걸려 온다. 평소에는 전혀 관심도 가져주지 않던 사람들이 선거철만 되면, '존경하는…'으로 시작되는 가증스러운 장문의 문자들이 홍수를 이룬다. 어떻게 내 핸드폰 번호를 알았는지 궁금하다. 가끔은 보이스 피싱이 의심되는 문자까지 날아든다. 문자를 확인해 보니 신용 카드 사용 대금 결재일이라 인출되었다는 안내 문자다. 참 친절도 하다. 그놈의 기계는 쉬지도, 건망증도 없는가보다. 점점 빈약해지는 통장 잔고가 우울한 눈빛으로 나를 바라본다. 그 눈빛에 내 마음도 덩달아 우울해진다. 공연히 도둑맞은 느낌이 드는 건 왜일까? 기분 좋게 사용했으면서, 돈이 빠져나갈 때는 기분이 썩 좋은 편은 아니다.

이제는 누구나 신용카드 몇 장쯤은 지갑에 넣고 다닌다. 지갑에 현금이 두둑하면 왠지 모르게 어깨에 힘이 들어가고, 마음이 든든했던 시절이 그립기도 하다.

그런 신용카드 때문에 많은 사람들이 힘들었던 시절이 있었다. 외환위기 이후 국내 소비를 확대하여 침체된 경기를 회복시켜 보겠다고 신용카드의 가입자격을 완화했다. 은행과 카드사들은 당장 눈앞의 이익에만 혈안이 되어 경쟁적으로 카드 회원모집에 열을 올렸다. 더 많은 고객을 확보하기 위해서 개별적으로 유치목표가 부여됐다. 목표 달성을 위해서는 가족들은 물론 사돈의 팔촌까지 동원했고, 사용하지 않아도 좋으니, 작성만 해 달라고 구걸하듯 카드 신청서를 챙겨 들고 이리저리 뛰어다녔다. 잡상인 취급을 받고 쫓겨나는 수모를 당하면서까지 목표를 채우기 위한 절박감에 어이없는 일들을 해야만 했다.

인간사에서는 완벽하게 긍정적인 면만 있는 것도 아니며, 완벽하게 부정적인 면만 지닌 것도 아니다. 아무리 좋은 명약일지라도 거기에는 필시 부작용이 있게 마련이다. 그 후 얼마 가지 않아 심각한 부작용이 나타나기 시작했다. 그건 경쟁적으로 카드 회원모집에 열을 올릴 때부터 이미 예견된 일이었는지도 모른다. 외환위기 이후 실직 등으로 생활고에 시달리는 사람들이 늘어났다. 연체자는 하루가 다르게 늘어났고, 더불어 신용불량자도 급증했다. 그러더니 급기야는 연체감축 목표가 떨어진다. 몇 푼의 수수료 수익과 연계하여 고객층을 늘려보겠다는 계획은 모래성처럼 무너졌다. 카드 연체 대금 때문에 심각한 문제가 발생했다. 아무리 재산조사를 하고 소송을 진행해 보지만 뾰족한 수는 없다. 빚이 대추나무에 연 걸리듯 한두 군데가 아니었음은 물론, 소득과 재산이 없는 연체자가 태반이다.

나는 채권 회수 담당 책임자로서, 자주 외근을 했다. 근무시간이 끝난 후에도 연락이 되지 않는 연체자의 집을 방문하기도 했다. 효율적인 업무를 위해서 회수 가능성이 있는지, 거주하고 있는지를 파악하기 위함이었다.

그중 특별히 기억에 남는 연체자가 있다.

그날도 여느 때와 다름없이 연체자와의 면담을 위해 직접 거주지를 방문했다. 철 대문은 녹이 슬어 페인트칠은 다 벗겨져 있고 힘에 겨운지 반쯤은 열려 비스듬히 누워있다. 슬레이트 지붕은 세월의 때가 검게 묻어있는 허름하고 작은 단독주택이다. 마당에는 젊은 여인이 칭얼대는 어린 두 아이를 달래고 있었다. 남편은 공장을 다니다가 급여가 압류되는 바람에 퇴직했다고 했다. 돈 벌어 온다며 집을 나간 뒤 소식이 없단다. 월세도 밀려있단다. 그 상황에서 상환 계획을 묻는다는 것은 잔인하게 고문을 하는 것이나 다름이 없다는 생각이 들었다. 아직도 눈가에는 눈물자국이 남아있고, 콧물이 흐르는 아이들. 두려운 눈빛으로 엄마의 치맛자락을 잡고 등 뒤로 숨어 눈치를 보는 모습이 가엾다. 머릿속에 '회수 불가'라는 메모를 하고 손을 들어 빠이빠이 하며 대문을 나섰다.

그냥 돌아설 수가 없었다. 가까이에 있는 슈퍼에서 분유 다섯 통을 샀다. 분유를 담은 봉투에 '힘내세요!'라는 메모를 함께 넣고 낡은 대문이 소리 나지 않게 조심스럽게 들어섰다. 다행히도 아무도 보이지 않기에 방문 앞에 살며시 내려놓았다. 행여나 그녀의 자존심에 상처가 되지 않을까 염려되어 도둑고양이처럼 까치발로 살금살금 대문을 나섰다.

그 후 6개월쯤 지난 어느 날이었다. 한 아이는 등에 업고, 한 아이는 아장아장 걸려서 은행으로 들어서는 여인이 있었다. 분유를 몰래 놓고 왔던 그 집 여인이다. 카드 연체 대금을 상환하겠다고 나를 찾았다. 다른 은행은 몰라도 이 은행의 연체 대금만은 갚아야 마음이 편할 것 같다고 한다. 분유 살 돈이 없어서 미음을 먹이고 있었단다. 그래서 염치없이 두고 가신 분유를 받을 수밖에 없었다며 머리를 숙였다. 마침, 애들 아빠한테 연락이 왔고 얼마간의 돈도 송금받았단다. 여러 은행에서도 많이 찾아왔지만, 아저씨 같은 사람은 없었다며 눈물까지 글썽인다.

'그깟 분유가 뭐라고'. 나는 그들을 도와주기 위해서 한 일이 아니었다. 동정은 더더욱 아니었다. 다만, 그대로 돌아서면 두 아이의 모습이 내내 가슴에 남을 것 같아, 내 마음이 시키는 대로 내 몸이 행동했을 뿐이다. 마음 하나 편하고 자 한 일이었다. 연체 대금 상환을 마치고 돌아가는 아이들의 손에 만 원짜리 한 장씩을 쥐어주고 문밖까지 배웅했다. 엄마 손을 잡고 아장아장 걸어가는 아이들의 뒷모습을 바라보는 마음이 무겁다. 멀어져가는 그들의 뒷모습을 한참 동안 바라보았다. 백만 원 남짓 되는 돈이지만, 사정이 어려운 그들에겐 큰 금액이다. 그냥 돌려보낼 걸 하는 후회가 밀려온다. 무엇이 옳은 일인지 모르겠다.

그 후로도 또 다른 어려운 이들을 위해, 라면 상자를 차 트렁크에 싣고 다니고, 연탄을 배달시키는 등 나의 오지랖은 한동안 계속됐다.

그리고 몇 년 후 나는 퇴직을 했다.

지금도 가끔은 그들이 어떻게 살고 있는지 궁금할 때가 있다.

그 아이들은 아마 지금쯤 어엿한 사회의 일원이 되어 잘 살아가고 있으리라 믿고 싶다.

경춘선 열차

아직도 밖은 동이 채 트기도 전이라 어스름하다.

더군다나 안개까지 짙게 끼어있다. 지난밤 무언가에 쫓기며 허우적대던 꿈속에서 아직도 깨어나지 못한 것 같은 착각에 사로잡힌다. 새벽 다섯 시 삼십 분, 여느 날과 다름없이 아내가 차려준 따뜻한 아침 밥상을 물리고 넥타이를 고쳐 매며 머리를 매만지려 거울을 본다. 등 뒤에 서 있는 아내의 모습이 거울 속에서 내 뒷모습을 물끄러미 바라보고 있다. 늘 그렇듯 아내의 안쓰러운 표정과 눈빛의 배웅을 받으며 현관을 나선다. 미처 하늘로 오르지 못한 구름이 땅에서는 안개라 우기며 게으름을 피우고 앞길을 가로막는다. 안개는 도시 전체를 품어 안았다가 해가 중천에 떠야만 부화시키는 게으름뱅이다. 후평동 사거리, 자욱한 안개 속에서 유령처럼 다가오는 빨간 불빛의 '빈 차'표시등이 보인다. 두 눈을 부릅뜨고 이마에 빨간 눈이 달린 유령을 맞이하기 위해 손을 든다.

습관처럼 "감사합니다, 남춘천역이요"라며 목적지를 알린다.

역에 도착하면 언제나 같은 시간, 여섯 시 사십 분 청량리행 무궁화호 열차. 가끔 낯선 사람들이 보이기는 하지만 눈에 익은 얼굴들이 대부분이다. 무엇이 그리 바쁜지 눈 마주칠 사이도 없이 잔뜩 움츠린 채 쫓기듯 종종걸음이다. 마치 시간이란 놈과 안개에 세뇌되어 조종당하는 유령들 같다. 개찰구로 들어가는 사람들은 하나같이 삶에 지친 듯 무겁고 표정 없는 모습들이다. 무엇엔가 홀린 사람들처럼 열차 속으로 빨려 들어간다. 안개가 우주와의 내밀한 교신을 통하여 사람들을 지배하고 있는 것만 같다.

정기승차권이라 지정된 좌석은 없지만, 언제나처럼 5호차 뒤쪽 창가의 같은 자리에 앉는다. 특별한 사연이나 뜻이 있는 것은 아니지만 아늑하고, 북한강 강변이 잘 보이는 곳이기 때문이다. 기차는 제자리걸음 하듯 몇 차례 덜컹거리더니 허연 입김을 내 뿜으며 힘겹게 걸음을 옮긴다. 그러나 주인을 맞은 좌석은 띄엄띄엄할 뿐이다. 빈 좌석들은 제 역할을 못 해서인가, 사람들의 간택을 받지 못해서인가 심하게 덜컹거리며 심통을 부린다. 좌석을 차지하고 앉은 사람들은 약속이나 한 것처럼 등받이에 몸을 기댄 채 팔짱을 끼고 두 눈을 감은 모습들이 한결같다. 사분의 사 박자도 아닌데 불규칙하면서도 규칙적으로 들리는 둔탁한 바퀴의 리듬. 그 소리를 자장가 삼아 모자란 잠을 청하는 사람들. 차창 밖 북한강 물은 이제 막 일어났는지 길게 하품하더니 하얀 입김을 토해내며 기지개를 켠다. 열차에서 내려 전철을 타고 사무실에 들어서면 여덟 시 오십 분.

일과를 마치면 또다시 아침과는 반대 방향으로 전철과 열차를 타고 퇴근한다. 출근 시간과는 달리 퇴근 시간은 일정치가 않다. 지친 몸을 이끌고 춘천행 야간열차에 오르면 아침과는 또 다른 느낌을 받는다. 차창 밖으로 분주하게 달리는 자동차들은 밤의 야수들 같다. 그저 경주하듯 두 눈을 부릅뜨고 빨간 꼬리를 휘날리며 앞으로 달려갈 뿐이다. 마치 두 눈에 불을 켜고 먹잇감을 쫓아 달려가는 허기진 짐승들을 보는 것 같다. 도시를 벗어난 열차의 차창 밖 풍경은 태양을 밀어낸 어둠의 정복자가 지배하는 세상으로 변한다. 포근하지만 외로움을 뒷주머니에 숨긴 밤의 마법에 걸려든다. 멀리 강 건너 창문으로 새어 나오는 불빛에서도 외로움과 그리움이 촉촉하게 묻어있을 것만 같다. 아직 일터에서 돌아오지 않은 서방님을 기다리며 대문 밖에까지 마중 나온 여인의 모습이 그려지기도 하고, 된장찌개 뚝배기 속에서 숟가락 부딪치는 소리가 들릴 것만 같다. 보글보글 끓고 있는 된장찌개 냄새가 달리는 열차 창문 틈으로 스며들 것만 같아 배가 고파진다.

　가끔 업무가 늦어져 막차를 타고 퇴근할 때도 있다. 막차에도 출근할 때처럼 사람들은 그리 많지 않다. 새벽 열차의 승객들은 피곤한 모습이고, 마지막 열차의 승객들은 지친 모습이다. 의자 등받이에 등을 기대 팔짱을 끼고, 두 눈을 감은 모습은 아침과 닮은꼴이다. 다만 조금 다른 모습이 있다면, 하루를 무사히 마쳤다는 안도감보다는 막차를 타야만 하는 삶에 대한 애환과 피로가 덕지덕지 달라붙어 있다는 점이다.

　그렇게 구십 년대 초에 서울 본사로 발령을 받아 경춘선 열차를 타고 일 년여를 출퇴근했다. 완행열차는 낭만과 추억들이 서려있다. 철길은 직각으로 꺾이거나 돌아가는 법이 없이 유연해서 좋았다. 경춘선 열차는 북한강 강줄기를 따라 유유히 달려가며 콧노래를 흥얼거렸다. 강줄기를 따라 느리게 달려갈 때면, 철길도 굽은 허리춤을 들썩이며 장단을 맞추었다. 비좁은 통로를 오가던 카트. '홍익회'글자가 선명한 제복을 입은 아저씨가 외치던 "소주,

맥주 있어요~, 오징어 땅콩, 삶은 계란 있어요~"소리가 정겨웠었다. 주말이면 대성리와 강촌을 찾던 대학생들의 통기타 소리와 술에 취해 부르던 노랫소리마저 그립다.

  그러나 이제는 그런 낭만은 사라지고 추억으로만 남아있다. 좀 더 빠른 이동을 원하는 사람들의 욕구를 충족시켜 주기 위해 철로는 직선으로 변했다. 지난 시절 굽이굽이 돌아가는 완만한 곡선의 철로를 달리던 열차가 주는 여유로움과, 장단을 맞추며 허리춤을 들썩이던 모습은 사라져 버렸다. 모든 것이 초 고속시대라고는 하지만 때로는 느리게 사는 것도 그리 나쁘지는 않으리라.

  빠르게 변화하는 시대에 적응하지 못하고 자꾸 옛날을 추억하는 걸 보니, 나도 이제 조금은 나이가 들어 가는가보다.

별을 마신 밤

 삼십오 년여 만에 옛 직장 동료들을 만나러 가는 길이라 마음이 설렌다.
 삼십 대 청춘 시절, 비록 같은 직장은 아니지만 동일한 업종에 종사하며 업무 교류가 빈번했다. 연배가 비슷하다 보니 각별하게 친하게 지내오던 친구들이다. 그러다가 내가 90년대 초 춘천으로 근무지를 옮기면서 자연스레 연락이 뜸해졌다. 몸이 멀어지면 마음도 멀어진다고 했던가. 그동안 전화번호도 바뀌었고 그들도 퇴직해서 오랫동안 연락이 되지 않았다. 세월이 흐르고 나이가 들어가면서 어떻게들 살고 있는지 궁금하기도 하고, 보고 싶다는 마음이 봄 언덕에서 아지랑이 가물거리듯 솔솔 피어올랐다.
 혹시나 해서 예전 전화번호를 찾다 보니 동해시에서 근무하던 친구의 전화번호가 아직도 남아있다. 행여나 하는 마음으로 번호를 누르지만 없는 번호라는 낯선 여성의 목소리만이 들린다. 참 친절하기도 하다. 기왕이면 변경된 전화번호까지 알려주면 고맙다고 절이라도 할 판인데 친절은 거기까지만 이다. 여기저기 수소문해서 어렵게 연락처를 알아냈다. 통화버튼을 눌렀다. 신호가 간다! 한참 만에 저편에서 목소리가 들린다. 귀에 익은 목소리다. 의외라는 듯 놀라면서 반기는 음성에 마음이 놓인다. 퇴직하고 나서 여러 일들을 하다가 지금은 평창 태기산 자락에서 펜션을 운영한다는 소식을 전한다. 삼척에 근무하던 직원과는 자주 연락하고 지내고 있다고 했다. 나는 강릉에 근무하던 직원도 같이 만나자고 했다. 반갑다며 당장 약속 날짜를 정하고 자기네 펜션에서 만나잔다.

　약속한 시간이 오후라 여유도 있고 해서 고속도로를 뒤로하고 국도로 접어들었다. 평일이라 그런지 국도를 다니는 차량이 별로 없어 좋다. 마음이 들떠서인가 차창 밖으로 펼쳐진 풍경마저도 여느 때와 다르게 정겹다. 가끔 보이는 트랙터와 경운기의 밭 가는 모습이 한가롭다. 예전처럼 소를 몰고 쟁기질하는 모습과 농부들의 소몰이 소리가 사라져 아쉽다. 쟁기를 끄느라 멍에에 목덜미는 굳은살이 박이고, 부리망 사이로 토해내던 소의 헐떡이는 숨소리가 들릴 것만 같다. 누렁이와 농부들의 수고로움, 고단함을 잘 알고 있으면서도 목가적인 풍경을 그리워하는 나의 이기적인 욕심을 탓했다. 반쯤 열어놓은 차창으로는 익숙한 거름 냄새가 스며든다. 밭두렁과 논두렁에는 어느새 두 뼘쯤은 자라난 풀들이 하늘거린다. 싱그러운 풀 향기를 차 안 가득 싣고 한가로운 풍경에 취해 있는데, 동승한 아가씨의 고운 목소리가 정적을 깬다. '500m 앞에서 좌회전입니다. 목적지까지 1km 남았습니다.'

　목적지까지 300m 남았다는 아가씨의 목소리가 들림과 동시에, 저 멀리 세 친구가 마주 서 있는 모습이 눈에 들어온다. 내가 제일 늦었나 보다. 묘령의 아가씨와 동승한 사실이 친구 아내에게 발각되면 괜한 오해를 살까 싶어 얼른 핸드폰 속으로 숨겼다. 눈에 익은 모습들이 반갑다. 우리의 모습은 세월이라는 놈이 남겨놓은 흔적이 선명하다. 얼굴엔 주름이 잡히고 머리카락은 희끗희끗하게 변해있다. 하지만 웃는 모습과 목소리, 패기만은 여전히 예전의 삼십 대다. 오후에 출발해서인가 해는 어느덧 태기산 등성이에 올라앉아 우리의 모습을 기웃거린다. 그사이 친구의 아내가 야외 식탁에 술상을 차렸다. 한동안 마시지 않았던 소주잔으로 '건배'를 외치고 입안에 털어 넣었다. 식도를 타고 흐르는 후끈함과 짜릿함을 오랜만에 느껴본다. 술잔은 추억을 주고받듯 끝없는 이야기와 함께 돌고 돌았다. 우리는 지칠 줄도 모르고 깊게 가라앉아 있는 추억을 길어 올려 술잔을 채운다. 마치 시간이라는 우물 속에서 두레박으로 퍼내듯 추억을 술잔에 가득 채워 마셨다. 길어 올린 추억은 술잔에 흘러넘치고, 빈 술병은 추억의 찌꺼기처럼 쌓여만 갔다. 좋은사람들과 함께해서인가, 좋은 환경 때문인가는 알 수는 없지만, 좀처럼 취하지 않는다. 친구가 건넨 담배를 입에 물고 잠시 자리에서 물러앉아 길게 연기를 내 뿜으며 태기산의 밤하늘을 올려다본다. 하늘 가득 촘촘히 박혀있는 별들이 숨이 막힐 듯 영롱하다. 참으로 오랜만에 보는 밤하늘의 모습이다. 어릴 적 어머니의 키질하시던 소리를 들으며 멍석 위에 누워 바라보던 그 하늘, 바로 그 모습이다. 이곳은 해발 780고지라 손을 조금만 뻗으면 금세라도 잡힐 것 같고, 손끝에는 별빛이 묻어날 것만 같다.

아! 이렇게 가까이에서 별들을 마주하는 게 얼마 만인가!

나는 피우고 있던 담배가 저 혼자서 타들어 가고 있는 줄도 모르고 별을 바라보고 있었다. 손가락의 뜨거움을 느끼고서야 담뱃불을 비벼 끄고 술자리로 돌아왔다. 마시다 만 내 술잔에 별이 빠져 허우적거린다. 나는 술에 젖어 취한 듯 흔들리고 있는 별을 마셨다. 그렇게 우리들은 밤이 늦도록 술을 마시고 추억을 마시고, 술잔에 빠진 별을 마셨다. 술과 함께 마신 별이 가슴으로 들어와 뜨겁게 달아오른다. 내가 지금 마신 별은 누구의 영혼일까. 깊어만 가는 태기산의 봄밤. 별들이 흘린 눈물은 이슬이 되어 내 마음을 촉촉하게 적신다.

미지의 세계에 대한 호기심으로 인간은 망원경을 개발하고 하늘의 별을 관측했다. 우주에 관한 연구를 거듭한 결과 138억 년 전 빅뱅에 의해서 별이 탄생 되었다는 사실을 밝혀낸다. 별이 138억 년 전 빅뱅에 의해서 탄생 되었건, 가스 덩어리와 고체 덩어리이건, 태양계에서 몇만 광년 떨어져있다고 하는 사실은 몰라도 상관없다. 그런 문명과 과학의 발달로 인류에게 편리성은 안겨 주었겠지만, 우리들의 무한한 상상력을 앗아간 것은 무엇으로 보상해 준단 말인가.

어린 왕자가 살고 있다는 행성인 B - 612처럼 그저 신비한 동경의 대상인 별로 남아있기를 바라지만, 그건 나 혼자만의 욕심일 뿐임을 안다.

그렇게 우리는 시간이 가는 줄도 모르고, 만나지 못했던 날들을 보상이라도 하듯 밤새 술잔을 기울였다.

가족은 내가 살아가는 이유다.
나를 살게 하는 존재다.
가족이 있기에 나는 오늘도 행복하다.

제3부

내가 살아가는 이유

우리 엄마

　신(神)은 모든 곳에 자신이 있을 수 없어 자신을 대신해 줄 '어머니'라는 존재를 창조했다고 한다. 태어나서 맨 처음으로 배우는 말! 나는 그렇게 신이 대리인으로 창조한 '엄마'라는 말만 들어도, '엄마'라는 이름을 생각만 해도 코허리가 시큰하고 눈물이 난다, 가슴이 먹먹하고 아려온다.
　외할아버지의 취중 약속 때문에 어머니는 열세 살의 어린 나이에 스무 살의 아버지께 억지 시집을 오셨단다. 오랜 가난에 찌든 홀시어머니의 맵고도 고단한 시집살이를 참고 견뎌야만 했던 어린 종부. 날품팔이에 지친 몸을 이끌고 집에 돌아오면 '시애미 굶겨 죽일 셈이냐!'는 따가운 질책이 날아들곤 했단다. 품삯으로 받아온 겉보리를 절구에 찧어 감자 몇 알과 함께 넉넉지 못한 저녁을 지어 올린다. 할머니는 차려진 밥상을 한동안 물끄러미 바라만 보다, '하얀 이밥에 고깃국을 실컷 먹어봤으면 여한이 없겠다'는 말을 끼니때마다 입버릇처럼 말씀하셨다고 한다. 그나마 깔깔한 보리밥도 모자라 어머니는 굶는 일이 다반사였단다. 죽어서도 배고픈 설움에 '솥 적다' 운다는 소쩍새 울음소리에 못 견디게 죄어들었을 허기진 어머니의 세월! 펄럭이는 엄마의 치맛자락에서는 소쩍새 울음소리가 들렸을 것만 같다.

나는 어머니도 누군가의 딸이었다는 사실을 잊고 살았다. 아니 모르고 있었다. 한참 응석 부릴 어린 나이, 고단한 시집살이에 어머니는 외할머니가 얼마나 보고 싶고 그리우셨을까. 그런 어머니께서 스물아홉이 되시던 해에 할머니께서 돌아가셔서 고된 시집살이는 면했다고 하셨다.

　나는 어머니의 잠든 모습을 본 기억이 없다.

　언제나 어머니보다 먼저 잠이 들었다. 한밤중에 어쩌다 깨어 일어나보면 등잔불 밑에서 바느질하시거나, 맷돌과 씨름하고 계셨다. 부엌 바닥과 논밭은 벗어날 수 없는 영역이었으며, 솥뚜껑과 어처구니는 차마 외면할 수 없는 칭얼대는 자식들 같았으리라. 호밋자루는 언제나 어머니 손의 일부였고, 손바닥은 발바닥처럼 딱딱하게 굳은살이 박이셨다. 어머니 인생의 무대는 언제나 부엌과 논밭이었다. 그 비좁고 고단한 무대를 벗어나지 못했다.

　보리타작을 끝낸 달 밝은 초 여름밤, 마당에선 어머니의 지친 듯 힘겨운 키질 소리가 처량했다. 개구리들의 울음소리는 고단한 어머니의 키질을 재촉이라도 하는 듯 요란스러웠다. 뒷동산에서는 소쩍새가 어머니의 설움을 부추기는 것처럼 구슬프게 울어댔다. 어머니의 목에서도 처량한 소쩍새 울음소리 같은 울음이 터져 나올 것만 같아 마음을 졸였다. 마당 가장자리에서 피어오르는 보리 검불 타는 냄새가 콧속을 후벼 눈물을 찔끔거리게 한다. 찔끔거리던 내 눈물의 의미는, 연기 때문이었는지 어머니를 향한 안타까움 때문이었는지 알 수는 없다. 마당에 깔아놓은 멍석에 누워서 본 밤하늘의 많은 별들은 눈물의 방해에도 불구하고 금방이라도 쏟아져 내릴 듯이 빛이 났다. 그러다가 나도 모르는 사이에 잠이

들곤 했다. 깨어나 보면 방 안이었다. 잠든 나를 어머니께서 방에 안아다 눕혀주셨을 것이다. 솔솔 불어오는 바람에 실려 내게로 배달되어 온 어머니의 땀 냄새는 아직도 내 가슴속에 남아 그리움으로 여울져 어머니를 생각나게 한다.

안정된 생활과는 거리가 먼, 언제나 날카로운 작두를 타듯 위태롭고 고단했을 삶. 그 작두 위에서 내려오고 싶었던 순간들이 얼마나 많으셨을까. 단 한 번도 작두날 위에서 내려오신 어머니의 모습을 본 적이 없다. 온몸으로 작두의 날카로운 날에 베이지 않고 떨어지지 않는 법을 터득하셨으리라. 아니 터득해야만 하셨으리라. 상처가 나더라도 상처를 싸매는 법도 스스로 알아내셨을 것이다. 바윗덩이 같은 삶의 무게를 숙명처럼 견디고 참아내며, 오로지 자식들 배곯지 않고, 남부럽지 않게 키우기 위한 신념으로 사셨던 우리 엄마. 참고 견디며 '나는 괜찮다'는 말을 입에 달고 살아오신 우리 엄마!

내가 결혼할 때, 쌀 한 가마니로 살림을 내주시며 '가난하고 못난 애미 만나서 제대로 가르치지도 못했는데, 빈손으로 내쫓는 것 같아 미안하다'며 눈물을 감추시던 우리 엄마. 한 많은 세월을 견뎌내는 동안 수없이 깎이고 닳다 못해 폐암이라는 진단을 받으셨다. 모든 고통을 쓸어 담아 스스로 다독이는 화로가 되어야만 했을 우리 엄마의 가슴. 뜨겁다는 내색도 하지 못하고 가슴만 새까맣게 타버린 채 재가 되어 쌓일 때까지 불덩이를 품고 살아야 했던 것은 아니었을까?

살아생전 어머니는 자식들을 제대로 먹이지도, 남들만큼 가르치지도 못했다는 죄책감 때문에 큰소리 한번 내지 않으셨다.

외할아버지께서 그때 술만 드시지 않았더라면! 외할아버지의 뜻을 받들지 않았더라면! 그랬으면 어땠을까? 라는 생각을 해보곤 한다.

그랬더라면 어머니의 고단한 삶은 달라지지 않았을까? 그랬더라면 나 또한 이 세상에 없었을 수도 있다. 그래도 어머니의 삶이 달라져 그 고생을 면할 수 있었다면 난 아무래도 상관없다. 어머니에게서 또 다른 누군가가 태어나서 또 다른 삶을 살았을 테니까.

흙에 묻혀 흙처럼 사시다가 허무하게 흙으로 돌아가신 가여운 우리 엄마!

세상으로의 소풍 길에는 맛있는 김밥도, 삶은 달걀 한 알도, 알싸한 사이다도 없는 빈손으로 허무하게 끝내고 말았다. 평생 자식들에게 난 괜찮다, 미안하단 말씀만 하시던 바보 같은 우리 엄마!

세상에서 가장 아름다운 것은 어머니의 사랑이 아닐까 싶다. 주고 또 주며 끊임없이 퍼주는 사랑. 받으려고 주는 사랑이 아닌 그저 자꾸만 퍼주는 사랑. 우리는 그 사랑을 먹고 자랐고, 그 사랑의 힘으로 성장했다.

가난했지만 비굴하지 않았고, 부지런했지만, 결코 허둥대거나 서두르지 않았던 어머니의 한평생! 어머니도 누군가의 귀한 딸이었다는 사실도 알지 못했던 지난날의 어리석음을 이제야 뉘우친다. 조개는 극심한 고통을 참아내고 견디면서 진주를 품는다. 그렇듯이 내 어머니도 수많은 아픔과 고통을 감내하면서 우리 칠 남매를 품었다. 그러나 나는 어머니의 바람과는 달리 진주로 성장하지 못했다.

왜 우리들은 뒤늦게 후회하고 뒤늦게 용서를 구하는 걸까!

한 번도 사랑한다고 고백하지 못한 어머니가 사무치도록 그리워 가슴속으로 가만히 불러본다.

'엄마~!'

나는 오늘도 엄마가 보고 싶다!

아버지

언 땅속에서 겨우내 숨죽이며 봄을 기다리던 생명들이 참새 부리 같은 새싹을 삐쭉삐쭉 틔우던 어느 봄날. 가진 것도 없고 가방끈도 짧은 나는 비교적 이른 나이에 결혼했다. 그렇게 한 사람의 남편이 되고 몇 번의 봄날이 지나 두 아들의 아버지가 되었다. 한 가정의 가장이 되고 보니, 내 아버지의 마음과 심정이 이랬을까 하는 생각이 들었다. 그냥 막연한 생각으로 덤벼들었는데, 가장이라는 삶의 무게와 책임감이 그렇게 만만하지 않았다.

그런 부담감을 안고 아버지의 삶을 조금씩 이해할 무렵인 1984년 초여름에 아버지의 부음 소식을 들었다. 근무 중에 소식을 듣고 쏟아지는 눈물을 주체할 수 없었다.

고향 집에 도착했을 때는 벌써 친척들과 이웃 어른들의 분주한 움직임이 어수선했다. 칠 남매 중 여섯째인 내가 제일 마지막으로 도착했다. 가까운 가족 중에 처음으로 겪는 일이라 도무지 마음이 진정되지 않았다.

좀 더 잘 해드릴걸, 한 번이라도 더 손잡아 드릴걸, 사랑한단 말, 고맙다는 말 한번 못해 드렸다는 죄책감이 몰려왔다. 언제나 우리 곁에 머물러 계셔 주실 줄로만 알았다. 돌아가시기 전 '강릉에 살고 있는 손주들이 보고 싶다'고 하셨다는 아버지! 뇌졸중으로 십여 년의 긴 세월 동안을 편마비와 언어장애로 투병하셨다. 제대로 된 치료 한 번 못 받아 보셨다. 가슴속에 담고 있는 당신의 생각도, 당신의 마음도 표현할 수 없었던 그 세월이 얼마나 답답하고 참담하셨을까.

 천형(天刑)처럼 씌워진 가난의 굴레를 벗어나기 위해 얼마나 힘겹고 치열하게 살아오셨을까. 가난의 굴레를 자식들에게 유전처럼 대물림하지 않기 위해 얼마나 애를 쓰셨을까. 삶의 무게를 견디기 위한 처절한 몸부림에 얼마나 많은 상처가 남았을까. 봉당에 그득한 자식들의 신발을 바라보면서, 흐뭇함보다는 무거운 책임감으로 어깨가 무거우셨으리라. 뽀얀 안개를 헤치며 새벽을 향해 걸어가시는 아버지의 뒷덜미에 들러붙어 있는 그 깊고도 무거운 고뇌. 맨발로 고래실 논바닥으로 사라지시던 아버지의 모습이 떠오를 때면, 질퍽한 논바닥처럼 내 마음도 물컹거렸다. 황소처럼 일만 하셨던 아버지의 신발이 기억나지 않는다. 다만 내 결혼식 날 신고 오셨던 하얀 고무신만은 기억에 남아 있다. 왜 아버지의 신발이 기억에서 실종됐을까. 농사철에는 언제나 논에서, 밭에서, 쉼 없이 엎드려 맨발로 일만 하셨다. 농한기인 기나긴 겨울밤에는 싸락눈 내리는 소리처럼 사각사각 새끼 꼬는 소리가 들렸다. 철거덕거리는 가마니 짜는 소리와 밭은기침 소리는 마치 자장가처럼 들렸다. 아버지도 장남과 가장, 남편이라는 이름을 떠나, 여전히 결핍을 채우지 못한 할머니의 아들이었다. 살면서 겪었을 내면의 아픔을 조건 없이 위로해 줄 어머니의 품속을 그리웠을지도 모른다. 그러나 가족을 거느린 가장으로서 잠들지 못한 채 내뱉던

밭은기침 소리는, 아버지의 감춰진 신음은 아니었을까? 사각거리고 철거덕거리던 소리는 가난의 굴레를 벗어버리고 싶다는 외침은 아니었을까? 자식들의 꿈을, 양식을, 가마니 속이 넘치도록 담아내고 싶다는 처절한 몸짓은 아니었을까?

그렇게 고생만 하시다가 다시는 돌아올 수 없는 곳으로 떠나가신 내 아버지! 이젠, 소 몰고 논밭 가는 구성진 목소리도, 겨울밤 철거덕거리던 가마니 짜는 소리도, 밭은기침 소리도 들을 수 없다. 막걸리 한잔에 시름을 달래시고, 아무렇게나 자른 신문지에 돌돌 말아 봉초 담배를 피우시던 모습이 눈에 선 하다. 뿜어내시던 담배 연기는 아버지의 고단한 삶의 냄새가 느껴졌었다. 그렇게 길게 뿜어내시던 담배 연기는, 무겁게 어깨를 짓누르는 삶의 무게가 버거워 내쉬던 한숨은 아니었을까? 한숨을 숨기기 위한 아버지만의 방편은 아니었을까? 그렇게 아버지의 가슴속으로는 얼마나 많은 한숨이 드나들었을까. 그리고 생각처럼, 마음처럼 뜻대로 되지 않는 삶의 질곡에서 벗어나려 얼마나 발버둥 치셨을까. 밤하늘 아래 홀로 서서 가슴 깊이 숨겨왔던 눈물을 남몰래 훔치시지는 않았을까?

밤새 짠 가마니를 산더미처럼 지게에 쌓아 올려 장에 내다 팔고 돌아오시던 날, 마중 나간 나를 빈 지게 위에 태워주셨다. 아버지의 빈 지게에 올라앉아 마냥 즐거웠었다. 그것이 아버지의 삶의 무게를 짓누르고 있다는 사실을, 그것이 아버지 삶의 무게에 내 몸무게가 한몫하고 있다는 사실을 그때는 미처 알지 못했다. 어깨를 짓누르는 삶의 무게를 내려놓고 싶었을지도 모른다. 내가 아버지가 되기 전까지는, 가시고기처럼 누구도 침범할 수 없고 얕잡아

볼 수 없는 이름이 아버지란 것을 그때는 알지 못했다. 알 수 없었던 것들은 시간이 훌쩍 지나고서야 깨닫게 된다. 그런 것들을 경험하지 않고서도, 세월이 지나가지 않고서도 알 수 있는 지혜가 있다면 얼마나 좋았을까. 하지만 내가 모른다는 것조차 알지 못했던 수많은 시간이 지나가 버렸다.

내가 군에서 제대하고 집으로 돌아왔을 때, 아버지는 마루에 힘없이 걸터앉아 계셨다. 대문으로 들어서는 나를 보시자 두 눈이 충혈되었다. 소리 없이 눈물만 주르르 흘리셨다. 조용히 아버지께 다가가 꼬~옥 안아 드렸다. 그것이 처음이자 마지막으로 내가 아버지를 안아 드린 일이다. 그리고 처음이자 마지막으로 본 아버지의 눈물이었다.

내가 아버지가 된 후로는, 명문가 양반집 아들로 태어났음에도, 왜 남 보다 못살았느냐고, 마음속으로 원망했던 가난한 아버지에 대한 서운한 감정과 원망의 물음표는 지우기로 했다.

나이가 들어갈수록 아버지가 그립고 보고 싶다.

눈을 감고, 소를 몰고 고향 집으로 들어오시던 모습을 그려본다.

그리고 생전에 하지 못했던 말을 건네본다.

아버지 사랑합니다!

아버지들의 항변抗辯

집에서 하루에 한 끼도 먹지 않는 사람은 영식님, 한 끼만 먹으면 일식 씨, 두 끼를 먹으면 두식이, 삼시세끼를 꼬박꼬박 다 챙겨 먹으면 삼식이 세끼(?)라고 한단다.

아내가 외출할 때 어디에 가느냐 묻는다고 맞고, 전화해서 어디냐 물어본다고 맞고, 아침에 잠에서 깨어나 눈뜬다고 맞고, 다른 친구 신랑들은 다들 산에서 누워 자고 있는데 혼자서 눈치도 없이 살아 있다고 맞는단다.

어느 날 아내가 여고 동창 모임에 갔다 오더니 시무룩한 표정으로 어깨를 축 늘어뜨린 채 돌아오더란다. 걱정된 남편이 밖에서 무슨 일이 있었느냐고 조심스레 물어보았더니, 아내가 하는 말, "나만 남편이 살아 있잖아!"하고 소리를 지르더란다. 동창들은 '너는 아직도 남편에 매여서 종살이하며 사느냐.' 핀잔을 주더란다. 그러면서 죄 없는 안방 문을 '쾅!' 소리가 나도록 세게 닫고 들어가 버리더란다.

아무리 우스갯소리고 유머라고는 하지만, 왠지 모르게 서글퍼진다. 은퇴한 남편과 하루 종일 붙어 있으면 좋지 않은 습관이 보일 때도 있을 것이다. 세월이 할퀴고 간 상처 때문에 얼굴은 바람

빠진 풍선처럼 쭈글쭈글 탄력을 잃어 멋이라곤 찾아볼 수가 없고, 배(腹)는 뿔룩하고 다리는 가늘어져 힘도 빠지고, 매력이라고는 아무리 눈 씻고 찾아보려 해도 찾아볼 수 없을지도 모른다. 어릴 때부터 '남자가 부엌에 들어가면 고추가 떨어진다'는 할머니 말씀을 믿지 않게 된 지도 오래되었건만, 아직도 부엌을 어색해한다. 그래서 아내가 외출이라도 할라치면 "밥은?"하는 소리를 입에 달고 사는 남편들이 있다고 한다.

　아들딸이 밤늦게까지 들어오지 않으면 엄마는 걱정하는 말을 수없이 하면서 안절부절못한다. 하지만 아버지들은 딴청을 피우는 것처럼 보여도 온몸의 신경다발은 밖에서 들려올 발소리에 집중한다. 가족의 눈가에 눈물이 흐를 때 아버지는 남몰래 가슴으로 운다. 아버지는 눈물도 없고 잔정도 없는 돌(石) 같은 사람이 아니다. 말이 없기에 생각이 더 많고, 사랑의 표현이 서툴고 약하기에 마음의 고통이 많은 것이 아버지다. 가부장 사회에서 사랑의 표현 방법을 배우지도 못했고 받아보지도 못했다. 그래서 언제나 표현은 어색하고 서툴기만 하다. 어린 시절에는 언제나 배가 고팠고 배움에 목말라 있었다. 그랬기에 자식들이 자신처럼 배곯지 않도록, 배움에 허기지지 않도록 몸이 부서지도록 일만 했다. 사랑하는 아내와, 자신보다도 더 소중한 자식들을 위해서라면 자존심 따위는 헌신짝 버리듯 버린 지 오래다. 그 어떤 힘든 삶의 자리에서도 너털웃음으로 참아낼 수 있었다. 때로는 버린 줄 알았던 자존심이 꿈틀거리고, 짓밟히고 무너지는 굴욕감을 느끼는 날에는 퇴근길에 허름한 포장마차로 향한다. 혼자서 쓰디쓴 소주잔을 기울이면서 소주보다 더 쓴 인생을 마신다. 소박한 안주를 씹고 쓰디

쓴 소주잔을 기울이며 구겨지고 초라해진 자존심을 달랜다. 독한 소주와 값싼 안주가 뒤섞이고, 멍들어 곪아 터진 상한 마음이 더해진다. 숨 쉴 때마다 그동안 쌓여있던 인내의 찌꺼기들이 뒤섞이며 고약한 냄새가 뿜어져 나온다.

아무 일도 없었던 것처럼 현관문을 들어선다. 그러면 여지없이 비난의 화살이 날아든다. 쏟아지는 화살을 맞으면서도 변명 한번 하지 않고 아무렇지 않은 듯 어색한 웃음으로 받아넘긴다. 지켜내야 할 가족이 있기에 버티며 살아간다. 마지막까지 지키고 싶은 자존심까지 버려가면서 살아내고 있는 이유는, 가족이 자존심보다 더 소중하기 때문이다. 가족을 사랑하기 때문이다. 어쩔 수 없이 고개를 꺾거나 무릎을 접는 비굴함을 버티며 살아낸 우리의 아버지들이다. 그것이 가족을 위한 최고의 사랑인 줄로만 알았으니까.

자식들에게는 풍요롭지는 않더라도, 남들과 똑같은 선상에서 인생길을 출발할 수 있도록 해주고 싶은 간절한 마음뿐이었다. 오로지 그 신념 하나 때문에 자신이 처한 누추한 상황을 견뎌내고 희생을 감수한 우리 아버지들의 영혼을 무엇이 삼켜버렸는가.

그런데도 애완견보다도 못한 서열과, 부당한 대우를 받는 가여운 우리의 아버지들!

아무리 고통스럽고 치욕스러운 일이 있어도 내색 한번 하지 못하고 오롯이 혼자서만 감당해 내려 한다. 가족에게까지 고통을 같이 나누자고 말하지 않는다. 한잔 술에 취해 유행가 가락을 흥얼거리는 것으로 그날의 고단함을 풀어낸다. 하루에도 열두 번씩 가슴속에 품고 있는 사표를 내던지고 싶지만, 그럴 용기가 없다. 그런데 가족들이 그런 마음을 몰라주니 서운하고 외롭다 느끼는지도 모르겠다.

　며칠 전 한 모임에 참석했었다. 그 자리에서 어떤 선배 한 분이 어제 있었던 일이라며 하소연한다. 저녁 식사를 마치고 아내가 설거지하는 뒷모습을 보는데 갑자기 사랑스러워 보이더란다. 그래서 슬며시 다가가 등 뒤에서 살포시 안았다고 했다. 그랬더니 화들짝 놀라며 '이 양반이 망령이 들었나!? 다 늙어서 안 하던 짓을 하고 그래!'하며 기겁하더란다. 그래서 아무 생각 없이 '요즘 힘들고 외롭다' 했더니 "당신만 힘드냐? 나도 힘들어, 그리고 뭐? 외로워? 외롭긴 뭐가 외로워 지나가는 개가 웃겠다!"라며 콧방귀를 뀌더란다. 요즘 유행한다는 '백 허 그' 한번 했다가 망령든 영감 취급을 당했다며 허탈하게 웃는다. 그땐 정말 서글프기도 하고 쓸쓸하더라며 앞에 놓인 소주잔을 단숨에 들이켜고는 곧바로 빈 잔을 채웠다.

　언제부터 이 땅에 아버지들의 어깨가 축 처지고 고독한 존재가 되었을까. 아들이고 딸이고 다들 우리 엄마만큼 고생한 사람은 없다며 '우리 엄마, 우리 엄마' 한다. 아무리 힘겨워도 아버지란 이름으로 이제까지 숨 가쁘게 달려온 세월은 누구를 위해서였던가. 오직 자신만을 위해서였다면, 아버지들은 아마 일찌감치 그 고단한 삶의 짐을 내려놓았을지도 모른다.

　힘들지 않은 인생이 어디 있으랴.

　남자도, 여자도 세상 모든 사람이 다 힘들다.
　어떤 노랫말처럼 있을 때 서로에게 잘하자.

아버지로 산다는 것

아들이 나를 아버지라 부른 지도 사십여 년이 훌쩍 지났다.
그러고 보니 내가 아버지를 불러 본 지도 벌써 사십 년이 훌쩍 지나버렸다.
왜 나는 아버지의 잠드신 모습을 보지 못했는지, 밤마다 새끼 꼬시고 밭은기침 소리를 내시며 가마니를 짜셔야만 했는지. 동이 트기도 전에 찬 이슬에 바짓가랑이가 다 젖도록 논밭으로 나가셔야 했는지. 힘든 일 하실 때면 왜 그토록 자주 막걸리를 찾으셨는지. 봉초 담배를 신문지에 말아 입에 물고 성냥불을 그어대고 한숨 같은 긴 연기를 내 뿜으셨는지. 내가 아버지가 되고서야 암호 같은 아버지의 마음을 조금은 풀어낼 수 있었다. 짊어져야 할 짐이 있다는 사실을 깨닫는 것, 그것은 성숙의 한 단계라는 걸 알았다. 한편으로는 삶의 그늘과 슬픔을 마주치면서, 그것의 부피를 키워가는 시간이라는 걸 알아가는 과정이라는 것도 알았다. 한때는 빨리 어른이 되고 싶다는 욕망으로 조급증을 앓기도 했었다.
아버지는 나에게 커다란 산이었다. 그랬던 아버지가 어느 날부터 작은 언덕으로 변해버렸다. 그런 아버지를 발견하곤 왈칵 눈물이 났다. 무심한 듯 무뚝뚝한 아버지는 원래부터 그런 성격이려니 생각했다. 하지만 그건 아마도 가장이라는 무게와 아무리 애써도 나아지지 않는 형편에 대한 미안함 때문은 아니었을까? 이 세상에서 할 말 다 하고 사는 아버지들이 얼마나 될까. 육신은 고단하고 영혼은 지쳐있어도 겉으로 드러내지 못하고, 육신의 고단함과 영혼의 상처마저도 혼자서 스스로 쓰다듬으며 꿰맸으리라. 아내와 자식에 대한 연민, 그게 얼마나 아버지에게는 큰 고통이고 아픔인 동시에 즐거움인지, 아버지가 되고서야 알았다.

아버지가 되기는 쉽다, 그러나 아버지답기는 어려운 것 같다. 아버지는 태어나는 것이 아니라 만들어지는 것이라고도 한다. 그렇다면 나는 아버지다운가? 좋은 아버지로 만들어져 가고 있는가? 아침 일찍 출근해서 저녁 늦게 퇴근해 집에 오면 아이들은 꿈속이다. 바쁘고 피곤하다는 어설픈 핑계로 아이들과 놀아주지도 못했다. 미움받지 않기 위해, 인정받고 싶었기에 휴가까지도 반납해 가며 일만 했다. 내 몸보다 더 소중한 가족을 위해서 애당초 자존심 따위의 사치스러운 마음은 버린 지 오래다. 내일은 오늘보다 더 나아지리라는 희망을 안고 비틀거리면서도 앞만 보고 걸었다. 아이들과 추억을 만들 기회조차도 박탈해 버린 나쁜 아버지였다. 휴일이면 늦잠꾸러기의 게으른 아버지였다. 아이들이 하고 싶어 하는 일, 원하는 일이라면 무엇이든 들어주겠다는 스스로와의 약속은 지키지 못했다. 빠듯한 생활 때문에 지키지 못했다는 변명으로 헛된 다짐이 되고 말았다. 조금만 더 형편이 나아지면 해줄 수 있을 거라는 믿음으로 미래를 저당 잡힌 채, 현재의 즐거움과 행복을 희생시켰던 어리석은 아버지였다.

돈과 명예가 인생의 전부는 아니라고 습관처럼 말해주지만, 그

것은 갖지 못하고 이루지 못한 나의 비굴한 변명은 아니었을까? 하고 싶은 일, 잘하는 일 하면서 사는 것이 진정한 행복이라 말하지만, 누군가처럼 아빠 찬스를 쓸 수 있는 카드 한 장 손에 들려주지 못했다. 신분 상승, 계층 상승을 위한 사다리도 놓아주지 못했다. 하다못해 낡은 동아줄도 하나 내려주지 못한 무능함에 괜스레 헛기침만 한다. 자식에게 안정적인 미래를 준비해 주지 못해 미안해하면서도 미안하단 말조차 하지 못했다. 그러면서 허울 좋은 헛말만을 쏟아낸 뻔뻔함에 얼굴이 붉어진다. 아이들이 무엇을 좋아하는지, 무엇을 잘하는지도 알지 못했다. 고민이 무엇인지, 무엇을 하고 싶은지 물어보지도 않았던 무심한 아버지였다.

그러면서도 아버지 노릇을 제대로 하고 있다고 생각했다. 퇴근할 때면 통닭이든, 귤이나 군고구마든, 손에 무언가를 들고 들어갈 때면 가장다웠다. 월급날이면 두툼하지는 않지만, 누런 월급봉투를 아내에게 내밀 수 있었고, 보너스를 받는 달이면 조금은 더 두툼해진 봉투를 건네줄 수 있었다. 마치 아주 먼 옛날 사냥감을 둘러메고 가족들이 기다리는 동굴로 의기양양하게 돌아오던 원시시대의 가장처럼. 그렇게 가장으로의 역할에만 매달려, 남편으로, 아버지로의 역할은 제대로 해보지도 못한 채 흘려버린 지난날들이 후회스럽다. 부여받은 역할도 제대로 해내지 못한 어설픈 인생의 연극무대에 그냥 멍하게 서 있기만 했던 건 아닐까?

아버지로 산다는 것은 어떤 의미일까. 어떻게 사는 것이 아버지다운 삶인가! 좋은 아버지로 살려면 어떻게 해야 하는가. 아무리 생각해도 답을 찾을 수가 없다.

자식들에게 따뜻한 보호와 배려로, 수많은 오답을 써낸 것을 깨닫게 하고, 그걸 고쳐 써가도록, 그래서 조금씩 성장하도록 충분한 기회를 주었던가?

나는 자식들에게 물려줄 수 있는 것이 아무것도 없다. 특별한 재능도, 탁월한 유전자도, 그렇다고 부를 물려주지도 못했다. 그저 지극히 평범한 유전자만을 물려준 채, 내팽개쳐지듯 세상이라는 전쟁터로 내몰았다. 그런 내가 과연 좋은 아버지일까? 먼발치에서 그저 바라볼 수밖에 없는 현실이 많이도 아프다. 그래도 잘 버텨내고, 견뎌내는 아들들과 며느리들이 대견하고 미안하다.

아버지란 돌아가신 뒤에야 비로소 그리워지고 보고 싶은 사람이라 할지라도, 때로는 아프고 외롭지만, 그래도 아버지로 산다는 것은 한없이 행복한 일이다.

나이가 들어감에 따라 돌아가신 부모님이 존경스러울 때가 많다. 그분들이 사회적으로 큰 업적을 남겼기 때문이 아니다. 그 어려운 환경과 시련을 당당하게 견디고 이겨내며 살아내신 모습 때문이다.

한 가지 소원이 있다면 자식들에게 원망의 대상이 되지 않았으면 싶다.

아울러 자녀들의 눈에 뒷모습이 쓸쓸해 보이는 아버지가 되지 않았으면 좋겠다.

부부로 산다는 것

　우리는 서로 사랑했고, 행복한 삶을 위해서 결혼한다.
　생면부지의 남녀가 만나, 촌수도 없는 가족이라는 이름 안에서 부부가 되고, 두 사람이 하나가 되어 자식을 낳고 살아간다. 부부로 산다는 것은, 그 무엇으로도 설명하기 어려운 일이다. 억겁(劫)의 인연이 있어야 부부가 된다는 인연! 세상의 어떤 만남보다도 소중한 인연이다. 불가에서는 부부는 전생의 원수였다고 한단다. 그런 영향을 받아서인지는 모르겠지만, 일부 아내들은 핸드폰에 남편들의 호칭을 '우리 집 웬수'라는 이름으로 저장했다고 한다. 그래도 '우리 집'이라는 울타리 안에 넣어준 것만으로도 고마워해야 하나?
　나는 사십 년을 넘게 같은 아내와 지금까지 잘살고 있다.
　어느 술자리에서 '한 여자와 어떻게 그렇게 오래 살고 있느냐고, 지루하지 않냐'고 농담처럼 물었었다. 그때는 그냥 씩 웃고 말았지만, 글쎄~, 자신 있게 지루하지 않다고 말했어야 했나…?
　어쨌든 요즘에야 별로 싸울 일이 없지만 예전에는 꽤나 자주 다퉜었다.
　별것 아닌 걸 가지고 걸핏하면 아내와 부딪히는 소리를 냈다.

다음날 출근하면 오전 내내, 아니 하루 종일 가슴에 바윗덩이 하나 올려놓은 것처럼 마음이 무겁고, 물 없이 먹은 군고구마가 목에 걸린 것처럼 가슴이 답답했었다. 심리 서적과 인간관계 방법서들을 아무리 탐독해도 관계는 어렵고, 아무리 좋은 말들을 마음속 곳간에 쟁여놓아도, 소중한 사람에게는 왜 그리 모진 말과 심드렁한 표현을 하게 되는지 모를 일이다. 그런 날이면 어찌하면 상처 받은 아내의 마음을 달래고 어루만져 줄 수 있을까 생각이 많았었다. 아무리 '부부싸움은 칼로 물 베기'라고 하지만 때로는 거센 풍랑을 일으키는 폭풍처럼 쉬 잦아들지 않을 때도 있었다.

오래전 크게 화제가 되었던 '님아! 그 강을 건너지 마오'라는 독립영화가 생각난다. 산골 마을에서 칠십육 년간 해로한 백발 노부부의 실제 사랑과 이별을 기록한 영화였다. '평생 검은 머리 파뿌리 되도록 사랑하며 살라'는 주례사의 말을 실천에 옮기기란 말처럼 그리 쉽지만은 않았을 것이다. 그렇게 하기가 얼마나 힘들고 어려운 일인지 살아본 사람들은 잘 안다. 부부가 그토록 오랜 세월 함께한다는 것이 어찌 사랑만으로 가능한 일이었을까. 말 그대로 지지고 볶는 날도 많았을 테고, 설움에 복받친 눈물도 참으로 많이 흘렸을 것이다. 험한 인생의 숱한 고비를 견디느라 이런저런 마음고생도 많았으리라. 지나온 세월 동안 몸과 마음의 상처를 보듬으면서 행복하기만 했던 기억만으로 채울 수 있었던 건, 아마도 두 분의 마음속에 서로를 배려하고 사랑했기에, 서로에게 따뜻함을 선사한 시간이 존재했기에 가능한 일이 아니었을까? 아니면 수행하는 마음으로 참고 인내했기에 가능한 일이었을까?

부부가 서로에 대해서 화가 나거나 실망하는 것은 서로가 다를 수밖에 없다는 중요한 사실을 잊고 있기 때문은 아닐까? 우리는 대체로 맞추려고 노력하기보다는 맞추라고 요구하며 강요한다. 행복한 부부생활을 하려면 서로의 부족함을 비난하지 말고 채워주고, 나와 생각이 같아지기를 바라지 말고, 서로 도와주고 보충해 주면서 다름을 인정해야 한다는 것쯤은 잘 알고 있다. 그러나 그게 쉬운 일이 아님을 살아본 우리들은 너무도 잘 안다. 내 마음에 꼭 맞는 사람이 어디 있으랴. 난들 누구에게 그렇게 꼭 들어맞는 사람이던가. 부부로 살아간다는 것은, 곧게 뻗은 철길처럼 일정한 거리를 두고 나란히 걸어가며, 넘어지지 않도록 손잡아주고, 다름을 인정하며 배려하고, 이해하고 믿으며 걸어가는 길이라는 말이 있지만, 이 또한 어디 그리 쉬운 일이던가. 다툼은 대부분 다름을 인정하지 않고 이해하지 못해 일어난다. 다름을 인정하고 내가 먼저 변하면 되는 것을. 다툼이 있을 때 먼저 미안하다고 말할 수 있다면, 그건 상대를 사랑하는 마음이며 용기라고 생각한다.

부부로 살아간다는 것은 성공이든 실패든 자신의 인생사에서 위대한 업적이요, 흔적이 아니던가. 부부란 꿀같이 달달할 때나 꼴 보기 싫을 정도로 미워질 때도 감수해야 하고, 원수 같거나 은인 같을 때도 슬기롭게 대처할 줄 아는 달콤하면서도 살벌한 관계가 아닐까?

우리는 함께 살다가 한사람이 먼저 세상을 떠나든, 무슨 이유로든 헤어져 혼자 남은 후에야 비로소 소중함을 알고 후회하는 어리석음을 주변에서 가끔 보게 된다.

조금만 더 따뜻하게 대해줄걸!
조금만 더 이해해 주고 감싸안아 줄걸!

자주는 아니더라도 사랑한다고 말해줄걸!
　왜 우리는 서로를 미워하고, 이해하려 하지 않고 믿지 못할까. 깊은 상처와 증오만을 남긴 채, 결혼하는 커플만큼 이혼하는 커플들이 늘어나는 요즘이다. 부부들이 겪고 있는 아픔과 시련은 무엇으로 어떻게 극복해 낼 수 있을까. 한 번쯤 이혼을 생각해 보지 않은 부부들이 과연 얼마나 될까. 아무것도 필요 없고 사랑 하나만 있으면 된다고 마음먹었던, 바보같이 순박했던 마음은 다 어디로 갔을까.
　부부로 살아간다는 것은 달콤한 행복만을 좇아갈 수는 없는 것 같다. 단순하게 한 이불을 덮고 같이 사는 사람이 아닌 수많은 갈등과 고민, 역경을 넘어 서로 존재의 근거가 되어주는 일은 아닐까?
　누군가의 말처럼 부부는 눈물로 걷는 인생의 길목에서 가장 오래, 가장 멀리까지 배웅해 주는 사람이란 걸 새삼 깨닫는다.
　오늘도 나는 아내의 얼굴을 바라보며 처음 만났을 때의 모습을 상상해 본다.
　조금(?)은 변해버린 아내의 모습에 세월이 원망스럽고, 더 많이 사랑해 주지 못한 나를 반성한다.

냄새가 추억을 부를 때

지인으로부터 택배가 도착했다.

귤 한 상자! 상자를 열지도 않았는데 코끝으로 스며드는 싱그러운 향내가 보내준 사람의 마음처럼 달콤하다. 벌써 입안에 침이 고인다. 매년 잊지 않고 보내주는 따뜻한 마음이 향기로 다가와 그저 고맙기만 하다.

순간 잠시 멈칫했다. 문득 큰형님 생각이 났기 때문이다. 멈칫했던 것은 다름 아닌 그리움 때문이란걸 깨달았다. 나의 큰형님은 해방둥이시다. 나와는 띠동갑이다. 형님께선 군에 입대하여 최전방 대성산에서 군 생활을 시작하셨다. 그러던 중 어찌어찌해서 원주에 주둔하고 있는 미군 부대인 캠프 롱으로 전속되어 그곳에서 제대하셨다. 휴가 나오실 때면 가끔 가지고 나오셨던 귤! 어린 나이에 생전 처음으로 맡아보았던 귤의 향기는 말로 표현할 수 없는 냄새였다. 육십년대 중반쯤이었으니 지금에 와서 생각해 보면 귤이 아니라 오렌지가 아니었을까 싶다. 귤이었든 오렌지였든 그 향기는 세상에 존재하는 언어로는 표현할 수가 없었다. 나의 언어 구사 능력이 모자라서인지는 모르겠지만, 지금까지도 그때의 느낌은 표현이 어렵다. 눈앞이 아찔할 정도였고, 귀밑을 새큰거리게 하는 새콤달콤한 맛이었다. 코끝으로 스며드는 향은 황홀했다. 생전 처음 맡아보는 냄새에 그저 황홀하다는 표현밖에는 할 수가 없었다. 지금도 그 향기는 사라지지 않고 나를 그 시절로 이끈다. 그 후로는 귤을 볼 때마다, 먹을 때마다 형님을 떠올린다.

　명석하고 재주가 많으셨으나 장남으로 태어난 죄(?)로 동생들의 학업을 위하여 희생하시다, 오십 세의 이른 나이에 대장암과 간암으로 세상을 떠나셨다. 고단한 농사일도 모자라 가까운 사람과의 갈등으로 괴로워했다. 갖고 있는 많은 재능과 끼를 펼치려 할 때마다 환경이란 벽에 가로막히는 좌절감을 내가 어찌 가늠할 수 있을까. 누구에게도 말할 수 없었던, 말하지 못하는 심정을 오로지 술에 의지해야만 했던, 그 결과가 당신의 몸이 망가져 가고 있다는 사실을 짐작이나 하고 있었을까?

　하고 싶은 일, 좋아하는 일 한번 제대로 해보지도 못하고 짧은 생을 마감한 형님의 삶을 생각하면 가슴이 먹먹해진다.

　과거에 맡아본 냄새를 통하여 당시의 기억이 떠오르는 현상을 프루스트 효과라고 한단다. 프랑스 작가인 마르셀 프루스트의 소설 '잃어버린 시간을 찾아서'에서 유래되었다고 한다. 후각은 인간이 가진 오감의 반응 중 가장 본능적이고 가장 솔직한 감각기관이 아닌가 싶다. 공기 중에 묻어 희미하게 퍼지는 냄새는, 마치 잊힌 기억의 조각처럼 불현듯 우리를 그때 그 시절로 데려다 놓는다. 냄새가 좋아서가 아니라 그때 그 순간, 그때 그 시절의 그리움 때문은 아닐까?

　군부대와 담을 사이에 두고 있는 우리 집으로는 매일 군용 트럭에서 뿜어져 나오는 특유의 매연이 담을 넘어온다. 슬그머니 담을 넘어오는 그 매연은 운전병으로 근무했던 군대 시절로 나를 데려다 놓는다. 우연히 시내 번화가를 걷다가 지나가는 아가씨에게서 나는 향수 냄새에 첫사랑을 떠올리고, 그때 첫사랑에게서 나던 다이알비누의 향을 그리워하게 한다. 지난여름 모기를 쫓기 위해 피워놓았던 모깃불의 쑥 타는 냄새에서는 고향의 추억이 떠오르고, 옥수수를 삶는 구수한 냄새와, 아내가 끓여주는 청국장 냄새에서는 어머니가 떠오른다. 배추를 묶기 위해 집어 든 볏짚 냄새에서도 아버지가 생각난다.

이렇듯 냄새는 열쇠가 없어도 자동으로 열리는 추억의 상자처럼 시간과 공간을 뛰어넘어 우리를 아련한 그 시절로 데려다 놓는다.

향기는 냄새와 한 가족이면서도 향기를 냄새라 부르면 이맛살을 찌푸리며 눈을 위로 치켜뜨고, 같은 종족이 아니라며, 격이 다르다고 바득바득 우겨댄다.

향기는 긍정적인 뉘앙스를 지닌 단어로, 맡는 사람들로 하여금 기분을 좋게 하는 효과가 있다. 반면 냄새는 중립적이거나 부정적인 의미와 이미지로 사용되고 있다. 향은 우리의 삶을 풍요롭게도 하고 위로도 해주며, 기억과 감정을 연결하는 중요한 통로의 역할을 한다.

형님은 볼 수도, 만질 수도 없는 먼 곳으로 떠나 버렸지만, 오늘도 나는 형님이 남기고 가신 잔향만을 붙잡고 있다. 지금도 귤과 마주 대할 때마다 형님이 떠오른다. 나에게는 자연의 이치에 따라 자연스럽게 그냥 배어 나오는 단순한 귤의 냄새가 아니다. 그것은 형님을 잊고 지내오는 동안 내가 잃어버린 시간의 한 조각인지도 모른다. 그 냄새를 맡으며 형님과 지냈던 추억의 순간들을 되새긴다.

아마도 이 잔향은 영원히 나를 떠나지 않을 것이다. 쾨쾨한 봉초 담배 연기와 짭짤한 아버지의 땀 냄새, 생솔가지가 타는 연기에 섞여나던 어머니의 땀 냄새도 마찬가지로 나에게 영원히 그리움으로 머물 것이다. 부모님과 형님은 사라졌지만, 그 잔향은 내 곁에 남아 나를 감싸안아 줄 것이다.

　　어쩌면 그 잔향이 영원히 사라지는 날이 올지도 모르지만….

　　하지만 지금, 이 순간은 그저 부모님과 형님께서 남겨놓은 냄새에 잠겨 기억을 더듬으며 추억하고 싶다. 그것이 지금 내가 할 수 있는, 부모님과 형님을 그리워할 수 있는 일의 전부인지도 모른다.

　　오늘은 십일월의 첫날이다.

　　아침저녁으로 불어오는 바람에선 벌써 겨울 냄새가 묻어있다.

　　해를 껴안고 눈을 지그시 감는다. 천천히 숨을 들이마신다. 멀리서 불어오는 바람에 보고 싶은 누군가를 떠올려 본다. 사람 냄새가 나던 그 사람. 굳이 말이 없더라도 곁에 있는 것만으로도 편안하고 포근했던 사람. 몇 해 전 세상을 떠난 그 사람이 그립다.

　　나도 그 사람처럼 사람 냄새나는 사람이 되고 싶다. 맑게 갠 가을날 국화 꽃잎 위로 떨어지는 햇살처럼 그윽한 향기에 문득 생각나는 사람으로. 그래서 누군가에게 그리운 사람으로 기억되고 싶다.

　　모처럼 늦가을 햇살이 따뜻하고 하늘빛이 고운 날이다.

남자의 눈물

중년을 넘어선 어느 날부터 눈물을 자주 흘린다.
TV를 보다가도 눈물 흘리는 장면이나 슬픈 사연이 나오면 나도 모르게 눈물을 찔끔거리는 내 모습에 스스로 놀란다. TV뿐 아니라 책을 읽다가도, 전화를 받다가도, 사랑하는 손주들과 헤어질 때도, 예전에 없었던 내 몸의 반응이 민망하기 짝이 없다. 나이가 들어가면서 호르몬의 변화에서 오는 일종의 노화현상 때문이라는 사실에 다시 한번 서글퍼진다. 시시때때로 흐르는 눈물이 당황스럽다. 혹여라도 그 모습을 아내에게 들킬까 공연히 고개를 돌려 몰래 눈물을 훔친다. 가끔 아내에게 들키기라도 하면 "당신 지금 울어요? 웬일 이래~!"한다. 예전엔 좀처럼 눈물을 보이지 않던 나의 찔끔거리는 모습이 신기한가보다. 민망하고 창피해서 "아니야 눈에 티가 들어가서 그래"하고 어린아이처럼 말도 안 되는 변명을 해 보지만, 그 말을 믿을 아내가 아니다. 눈물을 흘리는 모습을 들켜버린 남자의 체면이 말이 아니다.

며칠 전 볼일이 있어 초등학교 앞을 지나갈 일이 있었다. 마침, 하교 시간이라 노란 학원 차들이 줄지어 서서 아이들을 기다리고 있었다. 아이들의 등에는 무거워 보이는 가방이 가녀린 목을 잔뜩 옮아맨 채 업혀 있고, 양손에는 작은 가방까지 들려있다. 그 모습에 갑자기 열 살짜리 내 손녀 생각이 났다. 주책없이 속눈썹에 이슬이 걸터앉는다. 부산에 살고 있는 내 손녀도 지금쯤이면 저런 모습으로 학원에 달려가고 있을 것이다. 그 생각 때문에 나도 모르게 콧날이 시큰해졌는지도 모른다. 아무런 걱정 없이 마음껏 뛰놀아야 할 아이들을 이런저런 이유로 학원으로 내몰 수밖에 없는 현실에 마음이 아리다. 그때 저만치에서 달려오던 남학생이 그만 넘어지고 말았다. 빨리 오라고 소리치는 학원버스 기사 아저씨의 부름에 서둘러 뛰었던 모양이다. 넘어지면서 손바닥에 상처를 입었는지 손을 움켜쥐고 울음을 터뜨렸다. 기사 아저씨는 "뭐 그깟 것 가지고 남자가 울어! 남자는 우는 게 아니야!"라며 구박 아닌 구박을 한다. 달려가서 안아주며 달래주고 싶었지만, 나의 오지랖에 아저씨의 입장이 머쓱해질 것 같아 그만두었다. 나이 지긋한 그 아저씨도 아마 '남자는 울면 안 된다'는 말을 듣고 자란 세대이기에 습관적으로 생각 없이 한 말인지도 모른다.

    나도 가끔은 울고 싶을 때가 있었다. 믿었던 사람에게 배신당했을 때도 그랬고, 아니 땐 굴뚝에서 연기가 피어올랐다고 했을 때도 그랬고, 누군가가 새빨간 거짓말을 만들어 우겼을 때도 그랬다. 말도 안 되는 모함 때문에 억울하고 부아가 치밀어 오를 때도 그랬다. 누구나 다 누구에겐가 기대어 울고 싶고, 위로받고 싶지만, 그냥 꾹 참고 견딜 뿐일 것이다. 그럴 때면 아무도 모르게 혼자서 쓴 소주잔을 입안으로 털어 넣으면 그만이었다. 벌겋게 달아오른 얼굴로 집에 들어서며 아무 일도 없었다는 듯 아내의 눈치를 살핀다. 남자의 눈물을 들켜버리기 싫어서. 언제부터인지는 모르겠지만 남자에게는 금기가 되어버린 '눈물'때문은 아니었을까? 나도 아이들이 울 때면 '남자는 울면 안 된다'고 주문처럼 말하곤 했었다. 그 말 때문에 울음을 안으로 삼켜야만 했을지도 모른다. 또한 자기의 감정을 제대로 표현하는 것이 어색한 과제가 되지 않았을까 염려스럽다. 슬플 땐 울고, 억울할 땐 소리치며 울고, 아플 땐 아프다고 울며 자기의 감정을 솔직하게 표현하는 법을 알려주지 못한 게 후회스럽다. 왜 남자가 눈물을 흘리느냐고 핀잔을 주는 대신, 양 볼로 흘러내리는 눈물을 닦아주며 꼭 안아주었으면 좋았을 것을!

남자는 태어나서 세 번만 울 수 있다고 했다. 태어날 때 한 번, 부모님이 돌아가셨을 때 한 번, 그리고 나라를 잃었을 때 한번. 이런 터무니없는 눈물에 대한 잘못된 관념 때문에 눈물을 금지당한 남자들. 우리의 아들들도 얼마나 많은 시간 동안 감정을 거세당한 채 남자다움을 강요당하며 살아가고 있는가! 눈물을 감추는 게 미덕이라고 믿고 살아가고 있는가! 물론 남자든 여자든 눈물을 보이기 싫어한다. 민망하기도 하거니와 나약한 사람으로 보여 질까 염려스럽기 때문일 것이다.

남자도 눈물이 날 때가 있다. 그리고 울고 싶을 때도 있다. 남자 화장실 소변기 눈높이에 붙어있는 '남자가 흘리지 말아야 할 것을 눈물만이 아닙니다.'라는 글귀. 누구의 머릿속에서 나온 아이디어인지는 모르지만, 이제는 '남자의 눈물'을 자유롭게 풀어주면 어떨까.

남자가 여자보다 평균수명이 짧은 이유 중 하나는 울음을 참기 때문이라는 농담 같은 말을 들어본 적이 있다. 어쩌면 옳은 말일지도 모른다. 또 '눈물로 하룻밤을 지새워보지 않은 사람과는 아예 상종하지 말라'는 말도 들어본 것 같다. 자신의 감정을 숨기거나 거짓 없이 표현하는 게 뭐가 잘못됐단 말인가. 슬플 땐 눈물이 나는 게 당연하고, 기쁠 땐 웃음이 나는 게 당연하건만, 언제부터 남자의 감정을 억제하고 감추도록 강요 했을까. 그로 인해 자신의 감정을 감추는 데 익숙해져 있기에 감정의 표현까지 어색해진 것은 아닐까? 자신의 마음을 제대로 처리하지 못하는 감정의 소화불량에 걸려, 지극히 인간적인 면마저도 사라져 버리지나 않을까 걱정스럽다.

남자다워야 한다는 구속 때문에 흘리지 말아야 할 눈물은 없다.

아내들이여! 남편이 가끔 눈물을 찔끔거리더라도 모르는 체 그냥 넘어가 주시오.

그리고 남자들이여!

여자들만큼 오래 살려면 눈물이 날 땐 눈치 보지 말고 웁시다!

속이 후련하도록 펑펑!

너는 누구냐?

며칠 전 작은아들과 며느리에게 사정이 있어 손자 녀석을 우리 집에 맡겨놓았다. 그래서 하룻밤을 우리 집에서 재웠다.

밤이 늦도록 놀아달라는 손자 녀석과 한참을 놀아줬다. 손자 녀석은 어디에서 그런 에너지가 나오는지 잠시도 가만히 있지 않는다. 나는 지쳐서 잠시 쉬고 있었다. 소파에 앉아 한숨 돌리고 있는 나를 가만히 바라보더니 "할아버지! 화나셨어요?"이러는 거다.

나는 가슴이 뜨끔했다. 혹시라도 알 수 없는 이유로 나도 모르는 사이에 화난 표정을 지은 것은 아닐까? 그래서 그 순간을 아이에게 들켜버린 건 아닐까? 나는 시치미를 떼고 웃으면서 "아닌데, 할아버지 화낸 적 없는데. 왜~? 할아버지가 화난 것 같아?" 그러자 정색하면서 "제가 보기에는 할아버지 표정이 화난 것 같았는데~, 그러면 조금 전 화났던 할아버지는 누구예요?" 한다.

이제 겨우 41개월, 네 살밖에 안 된 아이가 하는 말에 잠시 멍하고 있을 수밖에 없었다. 그 작은 입술로 꼬박꼬박 존댓말을 하는 것 하며, 자기의 느낌을 숨김없이 솔직하게 표현하는 때 묻지 않은 순수함이 너무도 귀엽다.

나는 "아니야, 할아버지 화 안 났어요."라며 꼭 안아주었다. 그리고도 한참을 더 놀다가 잠이 들었다.

 요즘 아이들이 하는 말을 들을 때면 깜짝깜짝 놀랄 때가 한두 번이 아니다. 어디에서 그런 말들을 습득하고 구사하는지 놀랍기만 하다. 서울에 살고 있는 큰 손녀가 다섯 살 때 코로나가 한창 기승을 부렸었다. 마침, 감기에 걸려 어린이집을 가지 못해 춘천 우리 집에 몇 일간 데려와 있어야만 했다. 그런데 열차가 출발하자 '이젠 기차가 출발했으니 돌아갈 방법은 어디에도 없네! 엄마 아빠와 헤어지니까 너무 슬프다.'라며 흐느껴 울어 달래느라 애를 먹었던 기억이 새롭다. 예상치 못한 말로 나를 일찍이 가슴 아프게 했던 손녀가 보고 싶다. 큰아들 가족이 미국으로 연수를 떠나 있어 못 본 지 벌써 이년이 넘었다.

 네 살 박이 신동 철학자가 꺼내놓은 '화가 났던 할아버지는 누구냐?'는 화두에 생각이 깊어진다. 잠들어있는 아이를 물끄러미 내려다보다가, 내 표정이 어떻기에 손자 녀석의 눈에 그렇게 보였을까? 궁금해 거울을 들여다본다. 거울 안에는 무표정한 얼굴로 백발의 낯선 노인이 나를 노려보며 '누구냐 넌!'하며 호통을 치는 것만 같다.

 손자 녀석이 봤을 때는 화난 표정이라 오해할 만도 했겠다 싶다.

 나는 누구인가? 어디서 왔다가 어디로 가고 있는 걸까? 나를 나로 만들고 나로 인식되게 하는 것은 무엇일까? 나를 나로 정의할 수 있는 것은 도대체 무엇일까.

 우리는 사물에 이름을 지어 부른다. 나의 아버지는 나에게 이름이라는 고유명사를 지어 불러주셨다. 태어나면서 부모님으로부터 유전자를 물려받았다. 출생신고와 함께 모두가 인정할 수 있는 사람으로서의 존재를 인정받았다. '나'라는 존재는 변하지 않고 고스란히 나로서 존재하고 있다. 그런데 '나'는 누군가와 연관되어 수시로 생성되고, 수시로 바뀌기도 했다. 아들이었다가 때로는 동생이고 형이었다. 세월이 흐르면서 남편이 되고, 아버지가 되고 할아버지가 되었다. 직장에 있을 때는 과장이었다가 차장, 지점장으로 불려졌다.

아들이었던 나는 부모님의 돌아가심으로 인해서 아들로의 역할은 끝이 났지만, 지금까지도 또 다른 이름들이 나를 증명하고 있다. 직장과 인연이 있는 사람들은 아직도 직장에서 얻었던 직함으로 나를 부른다.

그러나 그처럼 많은 내가 진정한 나일까?

국가에서 '나'라고 인정해 준 주민등록증이라는 신분증만으로 나를 증명할 수 있을까? 신분증 속 사진과 숫자가 가리키는 내가 진정한 나일까? 내가 무엇을 좋아하고, 무엇을 잘하며 성격은 어떠하다는 것은 무엇으로 증명할 수 있을까.

누군가가 '당신은 누구냐?'라고 묻는다면 무어라 대답할 수 있을까. 내가 엄연히 세상에 존재하고 있음에도 '나는 누구다'라고 분명하고 명확하게 정의하여 보여줄 수가 없다.

누구라도 알 수 있는 훌륭한 학식과 덕망이 높은 사람도 아니고, 남부럽지 않게 떵떵거리며 살고 있는 재산가도 아니며, 목에 힘줄만한 권좌에는 근처에도 가보지 못한 나다. 젊어서는 가장이라는 삶의 무게를 짊어지고 '힘겹다' 엄살을 부리며 살아온 사람. 연극이나 영화에서 그냥 지나가는 사람처럼, 아무도 관심이 없는 그저 지극히 평범한 그런 정도의 사람이다.

나는 도대체 누구인가?

어디에서 와서 어디로 가고 있는가.

그러면 그럴수록 '너는 누구냐?'는 소리는 점점 더 커져만 간다. 그 소리로부터 도망칠 수가 없다. 나를 잘 알고 있다고 생각하는 나조차도 허상일 수 있고, 나를 잘 모르는 사람들의 눈에 보이는 내가 진정한 '나' 일수도 있겠다는 생각이 들었다. 손자 녀석이 보았던 무표정하고 화난 것 같은 내가 진정한 '나' 일수도 있겠다는 생각에 이르자 가슴이 서늘해진다. 지난날들의 아픔으로 인해 나도 모르게 형성된 무의식적인 습관이 자연스럽게 표정으로 굳어져 남아있는 것은 아닐까?

내가 누구인지는 명확하게 증명할 수 없지만, 잠들어있는 손자 녀석의 할애비임은 분명하다.

그러니 이제 손자 녀석을 안고 나도 그만 자야겠다.

그리움

넓게 펼쳐진 초원을 가로지르며 흐르는 강물에 비친 아침 햇살에 눈이 부시다.
초록의 들판. 한복을 곱게 차려입은 아버지와 어머니께서 정겹게 손을 잡고 산책하는 모습은 한 폭의 그림처럼 평화롭고 아름답다. 옆으로는 푸른 강물이 유유히 흐른다. 가끔 얼굴을 마주 보며 무슨 말씀인가를 나누시는 것 같다. 거리가 멀어서인가 두 분의 대화 소리는 들을 수가 없다. 그 모습이 다정하고 행복해 보인다. 가까이 다가가려 아무리 애를 써도 거리는 좀처럼 좁혀지지 않는다. 마치 갯벌에 발이 빠져 옴짝달싹할 수 없는 것 같다. 내 발임에도 불구하고 내 뜻대로 움직일 수 없어 허우적거리고 있는 사이 부모님은 점점 더 멀어져만 간다. 아버지와 어머니를 아무리 소리쳐 불러보지만, 목소리마저도 입 밖을 나오지 않는다. 그저 목구멍 속에서 숨이 막힐 듯이 헐떡거리고만 있다.
꿈이었다. 야속하고 허탈하다.
어느덧 먼동이 창문 틈 사이로 내 동태를 엿보고 있다.
꿈속에서 얼마나 허우적거렸는지 어깨가 뻐근하고 온몸이 욱신거린다. 꿈길에서 뵌 부모님 모습이 새삼 그리움으로 밀물처럼 몰려온다. 부모님이 살아생전 다정스레 손을 잡고 다니시는 모습을 본 적이 없다. 정이 없어서가 아니라 바쁘고 고단한 삶이었기에 여유롭게 손잡고 다닐 만큼 한가하지 않았을 것이라 믿고 싶다. 믿고 싶은 게 아니라 사실이 그랬다. 그런데 꿈속에서라도 전생에 다하지 못한 부부의 정을 나누고 계시는 것 같아 마음이 편안하다.

오늘은 아버님 기일이다.

그래서 내 꿈속에 나들이를 나오셔서 걱정하지 말라 말씀하고 싶으셨나 보다. 샤워하고 간단하게 아침 식사를 했다. 아내와 함께 간단하게 제수(祭羞)를 준비해 부모님을 뵈려고 산소로 간다. 춘천에서 원주로 가는 고속도로를 달리는 내내 꿈길에서 뵌 부모님 모습이 머릿속에서 떠나지 않는다. 오늘 새벽 꿈길에서처럼 생전 누리지 못한 정을 저승에서 마음껏 누리고 계신 것 같아 마음은 한결 가볍다.

몇 년 전에 산소를 보수했지만, 잔디가 제대로 자라지 않아 봉분의 흙이 좀 흘러내렸다. 보기에 흉할 정도는 아니지만, 자식으로서 관리를 제대로 하지 못한 데 대한 죄책감이 가슴을 무겁게 짓누른다. 부모님을 이 자리에 모신지도, 벌써 삼십여 년이 지났건만 엊그제 일인 듯 그때의 모습이 선명하게 떠오른다.

딸랑거리는 요령 소리와 상여꾼들의 구슬프고 애절한 메김 소리에 골짜기의 산새들도 침묵했다. 상여를 따르는 우리 형제들의 울음 섞인 곡소리, 부모님과 정을 나누시던 이웃 어르신들의 탄식 소리가 골짜기를 메웠다. 나무들과 이름 없는 잡초들, 메아리도 슬피 운다. 하마의 입처럼 깊게 열려있는 땅속으로 관이 내려진다. 무심하게 하품하듯 입을 벌린 땅속은 아무렇지도 않은 듯 조용히 부모님의 육신을 거두어들인다. 또다시 눈물이 흐른다. 이내 관 위로 흙이 덮어지고, 덮어진 흙을 밟는 회 다지 꾼들의 힘 있는 발소리와 회 다지 소리가 골짜기를 울린다. 때로는 부드럽고 때로는 힘 있는 발놀림이 마치 군무를 추는 듯 어우러진다. 봉분에 잔디를 입히고, 마지막 절을 올리고 돌아서다 아쉬운 마음에 뒤를 돌아본다. 어디선가 검은 나비 한 마리가 봉분 위에 조문하듯 살포시 앉았다가 허공으로 날아간다.

무덤을 조성하는 의도는 고인을 향한 예의인가? 산 자들의 그리움을 달래기 위한 몸부림인가? 아니면 고인과의 추억을 잊지 않기 위해 마련한 기억의 장소인가?

쓰리고 아프기 이를 데 없는 죽음을 저리도 소슬하게 거두어간 주변의 무덤들이 눈에 들어온다. 인기척 없는 무덤의 모습들이 쓸쓸하다.

돌아가신 부모님이 보낸 문자나 e메일을 받을 수 있다면? 죽은 연인과, 먼저 간 자식과 대화를 나눌 수 있는 세상이 올 수만 있다면? 수십 년 전 돌아가신 아버지와 막걸리 한잔 나누고, 어머니와 따뜻한 밥 한 그릇 나눌 수 있다면? 볼 수도, 만질 수도 없는 이들을 한 번만이라도 다시 만나 마주하고 싶다. 그 심정을 사랑하는 이들을 잃어본 사람이라면 누구나가 바라는 소망일 것이다. 세상에서 사랑하는 사람을 잃어보지 않은 사람이 어디 있을까. 우리는 살아가면서 수많은 사람과 이별한다. 그리고 이별을 안타까워하면서 아파하고 그리워하며 산다.

비석도, 상석(床石)도 없는 초라한 부모님 봉분 앞 잔디밭에 소박하게 장만한 제수를 차려 잔을 부어드리고 절을 올린다. 하늘에 계신 부모님을 다시 만날 수 있다면 무슨 말을 할 수 있을까? 아무 말 없이 그냥 안아드리고 싶다.

   부모님을 떠나보내고 나를 진정으로 힘들게 했던 것은, 부모님이 떠나서가 아니라, 떠났음에도 잊지 못하고 남아있는 내 그리움 때문이었다는 걸 이제야 알았다.

   간밤에 꾼 꿈은 그리움이 쌓여서 나타난 가상현실은 아닐까?

   그리운 마음을 오늘 새벽 꿈속에서 부모님을 뵌 것으로 위안 삼아야겠다.

   그리움이란 애절한 사랑의 또 다른 이름은 아닐까?

아름다운 손

우리의 손은 일상생활 속에서 수천, 수만 가지로 사용되고 있다. 잡고, 만지고, 훔치고, 나누고, 꿰매고, 찢고, 이루 다 헤아릴 수 없을 정도로 많다. 우리의 모든 행위는 손이 있어야만 가능해진다. 손에 의해서 먹을거리와 생활용품들이 생산되고, 새벽의 거리가 깨끗해지고, 손에 의해서 만들어진 악기에서 아름다운 소리도 길어 올릴 수 있다. 뇌로부터 명령을 받고 지배를 받아 부여된 임무를 수행하는 충직하고도 고지식한 신하인 손. 비록 명령에 따라 수행하는 일이지만, 안고 쓰다듬고, 어루만지며 감각을 분별하고 음미하는 기쁨은 손만이 누릴 수 있는 특권인지도 모른다. 타고난 제 분수와 처지를 탓하지 않고, 투정 한번 부리지 않고 묵묵하게 제 할 일 다 하며 살아내는 손이 있기에, 우리는 삶을 제대로 살아내고 있는지도 모른다.

그렇다면 나의 손은 어떻게 쓰이고 있는가. 가진 것을 조금 더 갖기 위해 욕심 사납게 내밀고 있지는 않은지. 가진 것을 놓치지 않기 위해 움켜잡고 있는 손아귀에 힘이 들어가 있지는 않은지, 생각해 본다.

어쩌면 손이 할 수 있는 가장 가치 있고 아름다운 일은, 어렵고 힘들어 지친 사람들에게 손을 내밀어 잡아주고 다독여 주는 손이 아닐까? 안아주며 괜찮다고 등을 쓸어주는 손이 아닐까? 그러기 위해서는 빈손일 때에만 가능하지 않을까? 하는 생각을 해본다.

며칠 전 저녁 식사를 마치고 욕실에서 손을 씻고 나오고 있었다. 거실에서 아내가 과일을 깎으며 처제에게 하는 말소리가 들린다. '손이 못생겨서 어디 가면 손을 내놓기가 부끄럽다'고 하자, 처제도 '맞아 나도 그래 언니!'라며 맞장구를 친다. 그들의 손에 화려하고 값비싼 보석 반지는 끼워주지는 못할망정, 험한 일을 시켜 손을 거칠게 만든 장본인이 나인 것 같다. 미안한 마음에 공연히 헛기침만 하며 슬그머니 소파에 앉았다. 누가 자매 아니랄까 봐 두 사람의 손 모양은 비슷하다. 서로가 자기 손이 더 못생겼다며 우기고 있다. 두 사람 다 조금은 험한 일들을 하다 보니 손마디에 주름이 많고 손등에는 혈관도 좀 불거져있다. 내가 보기에는 건강하고 전혀 부끄러움을 느끼지 않아도 될 아름다운 손으로 보이건만.

아름다워지고 싶다는 열망을 갖지 않은 여자가 어디 있을까. 아내와 처제가 여자라는 사실을 잊고 있었던 건 아닐까? 황후건 시녀건, 시골 아낙이건 아름다움은 여자로서의 자신감이기도 할 것이다. 어떤 주인을 만나느냐에 따라서 손의 운명은 달라지겠지만 말이다.

기왕이면 예쁘고 아름답고 우아한 손을 갖길 바랄 것이다. 손가락은 가늘고 길면서도 윤기가 자르르 흐르고, 마디가 굵지 않은 그런 이상적인 손 갖기를 희망할 것이다. 하지만 나는 정말로 아름다운 손은 가족을 위하여 열심히 일하는 손이라고 생각한다. 아무리 흠 하나 없는 아름다운 손일지라도 그 손으로 하는 일이 아름답지 못하다면 무슨 소용이 있을까.

그 흔한 구리 가락지 하나 손가락에 끼워본 적이 없었던 내 어머니의 거친 손. 내가 배가 아플 때면 배를 쓸어주시던 따뜻했던 손. 아프던 배는 어느 순간 편안해지고 뜨겁던 이마에 열을 식게 하던 약손. 가려운 등을 쓸어주시던 굳은살 박인 수세미 같았던 손. 그런 어머니의 손을 나는 한 번도 부끄럽다 생각한 적이 없다. 가냘프고 고운 여자의 손을 이르는 말 섬섬옥수! 그런 어머니의 손도, 아내와 처제의 손도 한때는 섬섬옥수였을 것이다. 그러나 고단한 삶의 일상에서 주름살이 새겨지고 손마디도 굵어지며 손가락이 휘어지기도 했다. 그렇게 엄마가 되고 할머니가 되는 세월을 살아내다 보니, 보기 흉하다며 남들 앞에서 손 내놓기가 부끄럽다고 한다.

우리는 손으로 많은 표현을 한다. 때로는 손이 하는 말이 입으로 하는 말보다 더 강렬할 때가 있다. 처음으로 이성과 손을 잡았던 따스하고 부드러운 촉감과 떨리던 심장의 고동 소리는 아직도 기억이 생생하다. 손을 흔들어 배웅도 하고 맞이하기도 한다. 이별을 아쉬워하는 작별의 의식과 만남을 반가워하는 기쁨의 가슴 속 표현을 대신하기도 한다. 엄지를 치켜올려 상대를 격려하고 존중하며 위로도 한다. 두 손을 맞잡고 따스한 온기를 나누며 살아가는 일에 큰 기쁨과 위안을 받고, 슬픈 일이 있을 때 안아주고 눈물을 닦아준다.

손이 못생겨서 어디 가면 손 내놓기가 부끄럽다는 아내와 처제의 모습을 물끄러미 바라본다. 그러면서 문득 손의 노고에 대해 소홀하게 대접하고 있지는 않았는지 생각해 보게 된다. 나는 내

왼쪽 검지에 미안하다. 어려서부터 꼴을 베다가 낫에 베이고, 톱질하다가 톱날에 긁히고, 어설픈 망치질 도중 애꿎은 손가락을 내리치기도 했다. 그랬으면서 수고했다고, 고맙다고 한 번이라도 쓰다듬어준 적이 있었던가. 곱고 예쁜 손이라고 해서 더 자랑스러운 건 아니다. 거칠고 투박하고, 손마디가 굵어진 손도 자랑스러운 것은 매한가지다. 어쩌면 더 자랑스럽고 아름다운 손일 수도 있다. 가족을 위해 열심히 살아온 세월의 훈장 같은 것이니 말이다. 아마 사람들의 손이 강철로 만든 도구였다면 그동안 사용한 세월만큼 닳아 없어졌을지도 모른다.

나는 내가 가장 사랑하는 손녀와 손자의 손을 잡고 걸으면 기분이 좋아지고 절로 힘이 난다. 마치 작고 부드러운 천사의 손을 잡고 있는 것 같은 착각에 빠져든다. 손이 못생겼다는 아내와 처제의 작고 앙증맞은 손을 가지고 있었을 어린 시절을 상상해 본다. 그런 시절을 뒤로한 채, 흘러간 세월과 삶의 고단한 흔적을 들키지 않으려 애쓰는 아내와 처제의 지나온 삶이 안쓰럽기만 하다.

'당신과 처제의 손이 제일 자랑스럽고 아름답다' 말해준다면 그들의 마음에 위로가 될 수 있을까? 그들의 손을 어루만지며 수고했다고, 그동안 고생했다고 말해주고 싶다. 아름다워 보이는 것은 손의 모양새가 예쁘다거나 살결이 곱고 보드라워서가 아니다. 아름다운 손이란 건강하고 삶에 책임을 다하는 손인 까닭이다.

오늘도 나는 아내의 손으로 해주는 밥을 먹고, 아내의 손으로 세탁해 준 옷을 입는다. 그리고 내 몸의 일부이면서도 너무 멀리 떨어져 있어 손이 닿지 않는 내 등판을 긁어달라며 아내에게 등을 들이민다.

며느리에게 보내는 편지

사랑하는 새아가!

너희들이 처음으로 우리 집에 인사 오던 날, 나는 맞선보는 새 신랑도 아니면서 공연히 가슴이 두근거렸단다. 덕분에 오랜만에 기다리는 시간의 설레는 감정을 느낄 수 있었단다. 대문을 들어서는 너희들의 모습이 아직도 생생하게 내 머릿속에는 카메라에 찍힌 사진처럼 선명하게 저장되어 있구나. 조금은 상기되고 긴장된 듯한 너희들의 모습과, 한껏 들떠서 싱글거리는 아들 녀석들의 모습이 말이다. 그 첫인상이 너무도 곱더구나.

너희들의 결혼식 날, 어느 세상 그 누구보다도 아름다웠단다. 하늘에서 내려온 천사가 있다면 아마도 저런 모습이 아니었을까 하는 생각이 들었단다.

이제는 너희들의 아버님과 어머님의 딸이라는 이름에 더하여 며느리와 아내라는 또 다른 호칭 붙여지겠지? 그리고 머지않은 시기에는 자연스럽게 엄마라는 이름도 함께 얻어지겠지? 예전 우리의 어머니들처럼 행여라도 이름을 잃어버리고 살아가는 건 아닌지 염려가 되더구나. 그래서 나는 너희들을 부를 일이 있을 때 가능하면 이름을 불러주려 노력했지. 누구 엄마야! 새아가! 하는 것보다는 너희들의 이름을 지켜주고 싶다는 마음에서 그렇게 하고 있단다마는, 혹시나 불편하지는 않을지 모르겠구나.

그런 새롭고 낯선 호칭들에 대한 책임감과 부담감이 없지는 않을 거란 생각이 드는구나. 그러나 또 다른 한편으로 생각하면 '나'를 걱정해 주고, 위로해 주고, 응원해 주는 '내 편'이 많아졌다고 생각하면 그 부담감이 조금은 덜어지지 않을까?

또한 며느리로서 도리를 다해야 한다는 부담감에 너무 마음 쓰지 말거라. 너희들이 알콩달콩, 오손도손 살아가는 것만으로도 충분하단다.

우리는 언제나 너희들이 힘들고 지칠 때면 쉴 수 있는 작은 쉼터로, 높고 튼튼하지는 않겠지만 기댈 수 있을 정도의 언덕으로, 견고하지는 않더라도 보듬어 줄 수 있는 울타리가 되어줄 수 있도록 노력하마. 그러니 너무 걱정하지 말고 행복한 가정 이루기를 소망한다.

서로 다른 환경에서 서로 다른 생각을 가지고 살아온 너희들이 한 가정을 이루고 살아가다 보면, 입장의 차이와 생각의 차이에서 오는 갈등이 발생할 수 있을 거라는 생각을 한다. 그럴 때면 서로의 다름을 인정하고 이해하려 노력을 해 주었으면 좋겠다는 부탁을 하고 싶구나.

살다 보면 슬플 때도 있고 기쁠 때도 있고, 비가 오고 바람이 불며 눈보라가 칠 때도 있는 법이란다. 그럴 때마다 둘이 슬기롭게 헤쳐 나가리라 믿는다.

이 세상에 근심과 걱정, 시련과 아픔이 없는 사람이 어디 있겠니. 그런 과정을 겪으며 한 뼘씩 마음이 성장해 간다고는 하지만,

너희들에겐 그런 힘든 과정이 비켜 갔으면 좋겠다는 바람이 크구나.

'목민심서'에 이런 구절이 있더구나.

'밉게 보면 잡초가 아닌 것이 없고, 곱게 보면 꽃이 아닌 사람이 없으되, 서로를 꽃으로 볼일이다. 털려고 들면 먼지 없는 이 없고, 덮으려 들면 못 덮을 허물이 없다.'

사실은 나도 그 말을 되새기며 실천하려고 많이 노력은 하고 있다마는, 말처럼 그리 쉽지만 않아 지금까지도 애를 먹고 있다는 사실을 고백하지 않을 수가 없구나.

우리가 가진 것이 많지 않아 너희들을 사랑하는 마음만큼의 도움을 주지 못해서 항상 미안한 마음이 크구나. 전쟁터 같은 세상에서 치열하게 살아가야 할 너희들을 생각하면 마음이 무겁고도 아프다. 좀 더 편안하게, 좀 더 쉽게 세상을 살아나 갈 수 있도록 길을 잘 닦아놓고, 뒷받침해 줄 준비를 못한 것이 못내 아쉽고 미안하구나. 아쉽다기보다는 그런 내가 한심하단 생각이 드는구나.

그렇지만 현명한 너희들이 당당하게 잘 헤쳐 나가리라 믿는다.

우리 예쁘고 착한 새아가!

부모로서 자식을 위한 사랑이야 누구보다 부족하지 않다고 자부하지만, 그 사랑을 온전하게 표현하지 못해 미안하구나. 내 마음속에 둥지를 틀고 날아든 한 마리 새처럼 언제든 편하게 날아와 쉴 수 있는 둥지가 되려 노력은 하지만, 부족함이 많아 오히려 불편해하지 않을까 염려스럽구나.

그래도 언제나, 어디서나 완벽하지는 않더라도 가깝고 불편하지 않은 시부모로 살아가려 노력하고 있단다. 하지만 서로의 입장과 처지가 다르다 보니 불만이나 불편은 있으리라는 생각은 한다. 그렇더라도 조금은 이해해 주면 좋겠다는 이기적인 생각도 해 본단다.

앞으로 너희들 둘이 서로를 의지하고 응원하며 행복한 가정 이루리라 믿는다.

너희가 내 가족이 되어서, 내 며느리라서 너무도 행복하고 고맙다.

그리고 많이 사랑한다.

★ 이 편지는 내 아들들이 결혼한 후 며느리들에게 보냈던 편지를 조금 수정해서 옮겨 적어본 글이다.

책임도, 목표 달성에 대한 부담도, 고객들의 무리한 요구에서도 벗어났다.
한가하고 느긋하게 시간을 보낸다. 그 시간들이 소중하다.

제4부

은퇴 후의 삶

글 농사

단독주택으로 이사한 후 내가 제일 먼저 한일은 여러 종류의 과일나무를 심는 것이었다. 자두, 살구, 포도 등. 더불어 장미와 능소화도 심었다.

누군가는 벌 나비를 보기 위해 꽃을 가꾼다지만, 나는 꽃을 보기 위해 여러 종류의 꽃나무도 심었고, 작지만, 아담한 화단도 만들어 화초도 가꾼다. 조팝나무와 억새까지 울안으로 옮겨 심었다. 어렸을 적 고향에서의 추억이 서린 조팝나무 꽃의 향기가 그리웠고, 가을의 정취를 느낄 수 있는 억새꽃의 춤사위가 보고 싶어서다. 조금만 발품을 팔고 야외로 나가면 언제나 볼 수 있는 모습이건만, 내 이기심과 게으름이 그들을 울안에다 가두어 버렸는지도 모르겠다.

나무와 식물들은 봄이 되면 어김없이 싹을 틔운다. 한겨울의 혹독한 추위를 이겨내기 위해 뿌리는 언 땅을 움켜쥐며 견뎌낸다. 꽃과 열매를 맺기 위해 땅속에서 잔뜩 웅크리고 때를 기다린다. 한여름 수많은 폭풍, 천둥과 번개에도 안간힘으로 꽃과 잎, 열매를 부여잡은 손을 놓지 않는다. 삶의 모든 시간을 열매와 씨앗을 키우는 데 전력을 다한다. 그 모습을 바라볼 때면 마치 삶의 목표가 오로지 자식을 키우는 데 모든 정성과 노력을 기울였던 우리네 부모님 모습을 닮았다는 생각이 든다. 철이 들고 내가 부모님을 의식할 수 있는 나이가 되었을 때, 이미 부모님은 꽃잎을 떨군 모습으로 변해있었다. 젊고 아름다웠던 모습은 알 길이 없다. 그러나 분명 우리의 부모님도 그런 날들이 있었을 것이다. 이제는 세월이 흘러 부모님이 돌아가시던 나이 때가 되고 보니, 부모님에 대한 그리움이 점점 더 간절해진다.

나는 부모님이 살아오신 삶의 과정을 자세하게는 모른다. 그저 힘겹고 고단하게 살아오신 모습만을 기억할 뿐이다. 고단한 삶 속에서 왜 부모님의 잠든 모습을 볼 수가 없었는지 이제서야 어렴풋이 짐작만 할 뿐이다.

그러다 문득 내 자식들도 나처럼 아버지가 어떤 생각으로 살아왔는지, 어떻게 살아왔는지 궁금해하지 않을까? 하는 생각이 들었다. 궁금해하지 않을 수도 있지만, 기회가 된다면 한 번쯤은 보여주는 것도 좋지 않을까? 그런 생각으로 글이랍시고 쓰다 보니 지나온 시간 동안 미워하고 원망했던 나와 자연스럽게 화해하고 있었다. 지난 세월을 되짚어보니 낡은 일기장을 들춰보는 것처럼 민망하다. 다시 고쳐 쓰고 싶어도 그럴 수 없는 지난 시간이 그립기도 하고 아쉽기도 하다. 생각처럼 글은 늘지 않는다. 써놓고 다시 읽어보면 마치 밍밍한 국물을 떠먹는 것처럼 영 글맛이 안 난다. 어떤 글은 민망하기까지 하다.

보다 체계적이고 글다운 글을 쓰기 위해 여기저기 글쓰기 교실을 기웃거렸다. 유명인의 글쓰기 이론과 방법서 등을 탐독해 보지만, 좀처럼 눈에 들어오지도 않고, 글솜씨 또한 좀처럼 늘지 않는다. 서당 개 삼 년이면 풍월을 읊는다는데 나는 왜 이다지도 글솜씨가 늘지 않는지 답답하기만 하다. 나는 혹시 서당 개만도 못한가?

글쓰기는 언제나 무언가를 빠뜨린 것만 같다는 생각을 갖게 한다. 진실로 쓰고자 했던 문장이나 내용에서 한 발짝, 딱 한 단어가 모자란 듯한 아쉬움이 남는다. 찾아낸 단어 하나가 내가 생각하고 있는 의미를 만나게 된다면, 내 생각과 진심에 조금이라도 닮게 되겠건만, 어찌 그리 찾아내지 못하는지.

얼떨결에 수필과 소설로 등단이라고는 했지만 언제나 글쓰기는 어렵다. 내가 글을 쓰는 이유는 유명한 수필가가 되고자 함도 아니고, 유명한 소설가가 되고자 함도 아니다. 내 이름 석 자를 빛내 돈을 벌고자 함은 더더욱 아니다. 다만 속절없이 사라져가는 기억의 조각들을 건져 올리고 싶을 뿐이다. 그렇게 글을 쓰다 보니 어느 순간 지난 날의 아픔과 미처 화해하지 못한 내가, 나를 안아주며 등을 쓸어주고 있었다. 아울러 나에게 아픔을 준 이들과도 화해하고 있는 나를 발견한다. 글을 쓰는 동안에는 나 자신이 가장 나다울 수 있고 솔직할 수 있는 시간이다. 있는 그대로의 모습을 숨김없이 드러내 놓는다. 나 자신의 모습을 너무 적나라하게 발가벗기는 것 같다는 생각이 들기도 하고, 그런 내 모습이 민망하기도 하지만 결코, 부끄럽지는 않다. 그것이 부정할 수 없는 나 자신의 진솔한 모습이기 때문이다. 나이가 들면서 점점 더 정서적으로 메말라 가는 것만 같다. 그런 내 영혼을 일깨워 정서적으로 풍요로워지는 생각도 덤으로 얻는다.

이제는 글을 잘 쓴다기보다는, 내 생각과 감정을 문자라는 씨

앗으로 종이라는 땅에 한 알 한 알 심는 글 농사라고 생각하니 재미있다. 남들보다 더 좋은 결실을 바라지는 않지만, 남들에게 손가락질받지 않을 정도가 되도록 정성을 다한다. 알찬 수확을 위해 좋은 씨앗을 고른다. 단어 하나하나, 문장 한 줄 이라도 허투루 쓰지 않기 위해 머리를 쥐어짜 본다. 하지만 좀처럼 산뜻하고 적당한, 그럴듯한 단어와 문장이 떠오르지 않는다. 내 언어 구사 능력의 모자람과 두뇌 용량에 한계를 느낀다. 부족한 두뇌의 기능과 용량을 업그레이드할 수만 있다면 얼마나 좋을까, 하는 엉뚱한 생각까지 하게 된다. 하지만 기존의 용량만으로 단어를, 문장을 찾아 이리저리 헤매는 일이 이제는 제법 즐겁다. 읽고 다듬기를 반복한다. 마치 잡초를 뽑고 부실한 모종은 솎아내고 실한 놈으로 채워 심듯이 부지런히 글 밭을 살핀다.

그러다 보면 언젠가 나도 글 잘 쓴다는 소리를 들을 수 있으려나? 그리됐으면 좋으련만, 내 실력으로는 그리될 것 같지는 않다.

나이 듦에 관하여

젊음과 건강, 그리고 장수는 인류의 변하지 않는 화두이다. 심신의 평화와 무병장수는 무릉도원이라는 이상향을 오래전부터 그려왔고, 중국의 진시 왕은 늙지도, 병들지도 않는 불로초를 구하기 위해 부단한 노력을 했음에도, 그도 결국은 죽었다. 자꾸 멀어져만 가는 젊음을 놓치지 않으려 겉모습을 이런저런 방법을 써서 페인트칠도 해보고 보수공사도 해보지만, 세월 앞에서는 어쩔 수 없이 무릎을 접을 수밖에 없는가보다. 세월은 늦었다고 서두르는 법도 없고, 이르다고 쉬지도 않고 한결같은 속도로 흐른다. 어려서는 빨리 어른이 되고 싶어 안달을 해댔지만, 나이가 드니 왜 이리 시간이 빨리 흐르는지 모르겠다. 어느덧 청춘은 한여름 여우비처럼 순식간에 지나가 버렸다. 그래도 나는 나이 들어감이 그리 싫지만은 않다. 가능하다면 나이가 들어가면서 추하지 않게, 남들만큼 우아하게, 그리고 멋있게 늙어가고 싶다. 오래 살고 싶지는 않지만, 건강한 몸으로 나이에 걸맞게 늙어가고 싶다. 앞만 보고 숨 가쁘게 달려온 지난 시간이었다. 이젠 그 시간에서 조금은 비켜서서 지나간 삶을 반추해 본다.

주변을 살펴보고 뒤돌아볼 수 있는 지금에 한가로움이 좋다.

남들보다 앞서지는 못할지라도 뒤처지지 않기 위해서 끊임없이 노력해야 한다는 강박관념에서도 벗어났다. 또 몸은 늙어 가는데 마음은 청춘이란 말을 실감하며 산다. 그리고 옛 어르신들이 '세월이 왜 이리도 빠르게 가는지 모르겠다.'며 하늘을 쳐다보던 모습도 이해가 간다. 세월은 물어보지도 않고 무례하게 그냥 스쳐 가듯 순식간에 흘러간다. 쫓아가려고 하면 뒤도 안 돌아보고 무정하게 저만치 내빼 버린다. 그러면서도 세상살이를 해 나가는 일이 한결 여유롭고 편안해졌다. 그것은 나이가 들어가면서 얻어진 선물이 아닌가 싶다.

나이 듦에 맞서지 않고 자연스럽게 수용하고 순응할 수는 없을까? 세월은 흰머리와 주름만을 남기고 떠나가는 것만은 아닌 것 같다. 우리가 젊었을 때 알지 못했던 인생의 경험과 지혜라는 선물을 준다. 주름 뒤에는 인생의 경험과 삶의 여정에서 얻어낸 지혜가 숨어있다. 주름과 흰머리가 자랑거리는 아니겠지만, 그 뒤에 숨어있는 의미는 부끄러운 것이 아님에는 틀림없는 것 같다. 나이를 먹는다는 것의 의미는, 그 숫자 속에 얼마나 많은 시련과 설움, 우여곡절이 들어있는지는 나이가 든 사람들은 잘 알고 있다.

요즘 '고장 난 벽시계는 멈추었는데 세월은 고장도 없다'고 한탄을 하고 '나이가 든다는 게 화가 난다'고 푸념을 하는 유행가를 자주 듣게 된다. 또 '내 나이가 어때서'라며 당당하게 외치는 희망 섞인 유행가도 동시에 히트 쳤다.

나는 사랑도 미움도 놓아버리고, 성냄과 욕심도 내려놓고, 선도 악도 털어버리고 신선처럼 살아가는 경지에는 이르지는 못했다. 심신이 건강하고 여유가 있어 국내외를 수시로 여행 다니고,

사람들과 어울려 노닐고 베풀며 사는 처지도 못 된다. 다만 수중에 돈 한 푼 없어, 아침 한술 뜨고 집을 나와 공원이나 배회하고, 점심은 무료 급식소에서 해결하고, 석양을 등에 업고 무겁게 텅 빈 집으로 돌아가는 궁색하고 추한 삶만은 되지 않길 바랄 뿐이다. 기왕에 붙잡을 수 없는 세월이라면 당당하게 받아들이고 멋지게 늙어가는 모습을 보여주고 싶다. 한탄하고 푸념할 일 없이 있는 그대로의 모습으로 나이가 들어가고 싶다.

　기계도 오래 쓰면 고장이 나는 법인데, 사람들은 자기 몸이 제 것 인양 마음대로 쓰고 혹사한다. 사는 동안 별 탈 없이 잘 쓰고 돌려주고 가고 싶지만, 인간은 결국에는 사고로 죽든 병으로 죽든 죽게 마련이다. 그러므로 살아있는 '지금'이 설혹 고통스러운 상황일지라도 가장 가치 있고 소중한 순간은 아닐까? 나이가 들어가면서 죽음보다 두려운 것이 늙음이라고 한다. 이는 늙고 병들어 가족들에게 짐이 되고 부담이 되는 것이 제일 두렵다는 의미는 아닐까?

　아직은 그럴 나이는 아니지만 '9988234'라는 숫자가 마음에 와 닿는다. 99세까지 팔팔하게 살다가 2·3일만 앓다 죽었으면 좋겠다는 노인들의 희망 사항을 표현한 암호 같은 숫자다.

　불로불사(不老不死)를 생각하다 보니 오래전에 보았던 블랙코미디 영화 '죽어야 사는 여자'가 생각난다. 여주인공은 불로불사의 열망 때문에 불사(不死)의 묘약을 마신다. 이 때문에 죽을 수 없는 여자의 불행을 비꼬는 영화로, 남자주인공이 했던 말이 지금도 기억에 남는다. "난 영원히 살고 싶지 않아! 따분해지면? 외로워지면? 다른 사람들의 늙고 죽는 걸 지켜봐야 하는데? 그게 행복한 거니? 이건 옳지 않아, 달콤한 꿈이 아니라 악몽이라고~!"라며 외친다.

바로 그 외침이 영화의 메시지가 아닐까?

누구나 죽음을 피해 가는 것은 불가능하다. 행복도 보장되지 않는다. 하지만 건강하게 오래 살고 싶은 것은 누구나의 바람일 것이다. 지금 내 곁에 가까이 있는 모든 이들과 함께 건강하고 즐겁게 오늘을 살아가고 싶다. 나 자신을 더욱더 사랑하고, 나를 용서하듯 누군가를 용서하고, 끝내 잡아주지 못했던 누군가의 손을 지금이라도 잡아주고, 아쉬움과 후회를 남기지 않게 살고 싶다.

많은 이들이 젊은 청춘으로 되돌아가고 싶다고들 한다. 하지만 나는 지금이 너무 좋다.

'너희의 젊음이 노력으로 얻은 상이 아니듯, 나의 늙음도 내 잘못으로 받은 벌이 아니다'라는 '은교'라는 소설의 구절이 떠오른다.

나이가 든다는 것은 '늙어가는 것이 아니라 조금씩 익어가는 것'이란 노래 가사에 오늘 하루도 위로받는다.

황홀하게 빛나는 노을처럼 아름답지는 않더라도, 초라하고 추하지 않기를 소망하며 황혼길을 천천히 걸어가야겠다.

나는 네가 한 일을 알고 있다

오전 열한 시쯤 요란한 오토바이 소리가 대문 앞에 멈춘다. 초인종이 울린다. 인터폰으로는 등기우편이 왔다는 집배원의 목소리가 전선을 타고 거실로 성큼성큼 걸어 들어온다. 아무리 생각을 해봐도 등기우편이 올만 한 곳이 없다. 이 상황에서 뜬금없이 초조한 마음으로 펜팔을 하던 여학생으로부터 답장이 오기를 기다리던 시절이 떠오르는 건 무슨 뚱딴지같은 일인가. 대문을 여니 집배원 아저씨가 우편물을 건네주며 사인을 하란다. 발신인을 슬쩍 보니 경찰서다. 그 짧은 순간에도 오만가지 생각이 스쳐 지나간다. 누구에게 몹쓸 짓을 했나? 그래서 나를 누가 고발했나? 아무리 생각해도 누구에게도 원한을 살만한 일을 한 적은 없다. 착하게 살라는 어머니의 말씀을 어겨본 적이 없다. 아무리 '도둑이 제 발 저리다'고 하지만 전혀 발이 저릴 일이 없다. 그런데 난데없이 경찰서에서 우편물이 왔다. 그것도 등기우편으로. 집배원은 내 심정은 관심이 없다는 듯 오토바이를 몰고 빠르게 골목으로 사라진다.

발신처가 경찰서라 떨리는 마음으로 우편물을 개봉했다. 속도위반 과태료 고지서다. 사만 원! 도로 위에 설치되어있는 과속 단

속 카메라에 영락없이 걸려들었다. 며칠 전, 문우들과 양구에서 열리는 김형석 교수님의 '삶이 무엇이냐 묻거든.'이란 제하의 강의를 들으러 가던 길이었다. 마치 거미줄이 쳐져 있는 줄도 모르고 신나게 날아가다 걸려든 나비꼴이 되어버렸다. 춘천에서 양구로 가는 길에 설치되어있는 과속 단속 카메라에 걸린 것이다. 거미줄에 걸려든 나비처럼 내 자동차의 번호판이 과태료 고지서 안에 대롱대롱 매달려있다. 그 모습이 처량하다. 친절하게도 날짜며 시간까지 정확하게 찍혀있다. 조수석은 모자이크 처리가 되어있다. 쓸데없는 오해가 발생하지 않게 하려는 사려 깊은 배려에 감사하다고 머리라도 조아려야 하나?

요즘은 현관문을 나서면 나를 지켜보고 있는 눈들이 수도 없이 많다. 곳곳에 설치된 감시카메라와, 사람 수보다 더 많은 핸드폰의 고성능 카메라.

몇 년 전 우리 집 대문 앞에도 감시카메라가 설치되었다. 골목길의 방범용 감시카메라라고는 하지만 '감시'라는 단어가 어쩐지 거북하다. 누군가 나의 일상을 항상 감시하고 있다는 사실이 께름칙하다. 현관은 물론 마당, 주차장까지 카메라의 시야 범위 안에 있다. 우리 가족이 무슨 일을 하든 카메라의 감시망을 벗어날 수가 없다. 현관과 마당, 대문 앞을 샅샅이 지켜본다. 어쩌면 좋을까! 우리 집 쪽은 차단해 달라고 할까? 그러다가 금은보화가 가득 든 금고가 집 안에 있는 것도 아니고, 누군가에게 원한을 살만한 못된 짓도 하지 않았으니, 그냥 우리 집을 지켜주는 고마운 초병쯤으로 생각하기로 했다. 밖으로 나가려 현관문을 나서면 푸른 눈의 외눈박이 초병이 외계인처럼 고개를 돌려 나를 노려본다. 마치 외계의 생명체가 지구의 인간들이 무슨 일을 하고 있는지, 무슨 짓을 저지르고 있는지, 무슨 일이 벌어지고 있는지 감시하는 것만 같다. 아마 오늘도 내가 우편물을 받는 모습을 하나도 빼놓지 않고 지켜보고 있었으리라.

푸른 눈의 외눈박이 초병은 휘황찬란한 도시마다, 도로마다, 골목마다 지키고 서 있다. 지구의 안전과 질서를 위해서인지, 인간들을 감시하기 위함인지 알 수는 없으나, 잠시도 쉬는 법이 없다. 몸은 고정되어 있으면서도 목은 삼백육십 도 자유자재로 움직인다. 비가 오나, 눈이 오나 꼼짝도 하지 않고 자리를 지킨다. 긴 긴밤을 지새우면서 푸른 눈을 반짝이며 두리번거리는 감시카메라. 전혀 피곤해하거나 싫증 내는 기색은 찾아볼 수가 없다. 그저 한결같은 모습으로 같은자리에서 주어진 임무를 충실히 수행한다. 세상 어느 초병이 저토록 충실하게 부여받은 임무를 수행할 수 있을까. 밤이면 가로등과 함께 보초를 선다. 가로등은 어둠을 밝히는 소임에만 충실할 뿐, 그 아래에서 일어나는 일에 대해서는 전혀 간섭하지도 않고 개입하려 하지도 않는다. 헤어짐이 아쉬운 연인들의 진한 키스도, 담배꽁초를 버리는 얌체족도 모른 채 눈감아준다. 그러나 이제는 감시카메라가 같이 있으니 함부로 허튼짓은 할 수도 없다.

문명의 늪에 빠져버린 인간들의 서글픈 숙명. 산업혁명으로 근대문명을 일으키고 과학 기술혁명을 거쳐 디지털혁명까지 이르렀다. 우리는 지금, 세계 어디를 가나 기술과 정보의 사슬에 묶인 채 감시당하고 있는 듯하다. 자동 얼굴 인식 시스템의 개발로 안면은 물론 음성, 홍채, 걸음걸이, 소비성향, 생활 습관까지 나도 모르는 사이에 나의 모든 것이 채집되고 있다.

　무슨 일이 생기면 '나는 네가 한 일을 모두 알고 있다.'며 옴짝달싹 못 하게 목을 조인다. 못된 짓 하고 도망쳐봐야 그 움직임은 여지없이 발각되고 만다. 부처님 손바닥 안이다. 가끔은 노숙자에게 빵을 먹여주던 모습이 포착되어 '천사의 손'이라는 이름표가 붙여진다. 폐지를 가득 싣고 힘겹게 언덕을 오르는 할머니의 리어카를 밀어주는 교복 입은 착한 학생들의 모습이 '미담'이라는 이름을 달고 TV 화면 속으로 옮겨진다. 이렇게 우연히 베푼 작은 선의에 훨씬 더 큰 보상이 이루어지는 이야기들을 볼 수 있다. 작은 행운이라도 기대하려면 다리 다친 제비를, 모른 체 하지 않았던 흥부의 마음같이 늘 착하게 사는 방법밖에는 없지 않을까?

　디지털혁명이 어디까지 갈 것인가!

　그로 인해 우리 인류의 다가올 미래는 과연 자유롭고, 평화롭고, 편안한 삶을 누릴 수 있을까?

모기와의 전쟁

두 눈을 감고 가만히 빗소리를 듣는다.

그간의 원망과 미움, 실타래같이 헝클어져 복잡했던 심사가 차분히 가라앉는다. 부글거리던 마음은 잔잔한 호수같이 차분해진다. 긴 가뭄 끝에 듣는 빗소리라 더 반갑다. 계속되는 가뭄으로 땀 흘려 심어놓은 농작물이 시들고 타들어 가고 있었다. 그 모습을 보며 구름 한 점 없는 하늘을 원망했었다. 돼지머리는 아니더라도 북어 대가리라도 올려놓고 기우제라도 올려야 될 것만 같은 간절한 마음이었다. 아무리 손바닥만 한 텃밭이어도, 정성을 다해 농작물을 심으며 잘 자라라 다독여 주었는데, 봄부터 비가 내리지 않아 연일 비지땀을 흘려가며 물을 퍼 날랐다. 그래서 오늘의 비는 너무도 반갑고 고맙다. 마치 그립고 보고 싶어 애태우며 기다리던, 사모하는 그 님이 오신 것만큼이나 반갑다.

그렇게 초저녁부터 내리던 비는 한밤중에도 그치지 않고 내리고 있다. 이곳으로 이사 오기 전 아파트에 살 때에는 자연의 소리를 듣기가 어려웠다. 특히 비가 오는 날 낙숫물 소리를 듣는 것은 거의 불가능한 일이었다. 기와지붕을 타고 현관 앞 계단으로 떨어지는 낙숫물 소리가 정겹게 들린다. 어릴 적에도 비가 내리는 날이면 초가집 지붕에서 떨어지는 빗줄기를 멍하니 바라보며 낙숫물 소리에 빠져들곤 했었다. 문을 열어놓고 문지방에 턱을 괴고 봉당 앞으로 경주하듯 줄지어 떨어지는 소리를 좋아했다. 콩나물 시루 밑으로 떨어지던 물소리, 누에가 뽕잎 갉아 먹던 소리, 잉걸불이 이글거리던 질화로 위 소당(솥뚜껑)에서 메밀 부침개가 익어가던 소리도 빗소리처럼 들렸다. 이는 모두가 어머니의 손에 의해 만들어지던 소리였다. 그 이유 때문인지는 알 수 없지만 빗소리를 들으면 그냥 마음이 고요하고 편안해지는 것 같아 좋았다. 누군가는 비를 좋아하는 사람은 슬픈 추억이 많은 사람이라고도 하고, 슬프고도 아름다운 사랑의 과거가 있는 사람이라고 하지만, 글쎄? 잘 모르겠다.

바쁘고 덥다는 핑계로 한동안 덮어두었던 소설책을 펼쳐 들었다. 하지만 빗소리에 취해 아득한 어린 날 추억에 빠져있어 좀처럼 활자가 눈에 들어오지 않는다. 빗소리의 유혹을 이기지 못해 책을 접어 본래 있었던 자리에 다시 놓았다. 불을 끄고 속절없이 내리는 빗소리를 자장가 삼아 자리에 누웠다. 꿈속에서라도 돌아가신 어머니를 만날 수 있지 않을까? 하는 기대를 안고 눈을 감는다.

막 잠이 들려는데 귓가에서 '애~앵~~'하며 모기가 훼방을 놓는다. 캄캄한 밤중이라 어디쯤인지 가늠하기가 어렵다. 가까이에서 들리는 것으로 보아 그리 멀지는 않은 곳에서 내 동태를 살피는 듯했다. 내려앉는 느낌이 들면 후려쳐서 잡을 생각이었다. '요놈 앉기만 해봐라!' 그렇게 생각하고 있는 순간 볼에 앉는 느낌이 들어 잽싸게 손바닥으로 힘차게 후려갈겼다. 아니 모기를 때렸다. 그런데 모기는 나를 희롱하듯 '애~앵~~'하는 여운을 남기며 사라져 버렸다. 아뿔싸! 얄미운 모기는 잡지도 못하고 애먼 내 볼만 얼얼하다. 공연히 스스로 내 따귀만 후려갈긴 꼴이 되었다. 달아나 버린 모기가 만물의 영장이라는 인간이 제 손으로 제 따귀를 갈기는 모습을 보면서 얼마나 통쾌했을까. 혼자서 멋쩍게 피식 웃으며 얼얼한 볼을 쓰다듬고 다시 자리에 누웠다. 그런데 비웃기라도 하는 듯 또다시 모기가 귓전을 맴돈다. 슬며시 부아가 치밀어 올라 '내 이번에는 반드시 이놈에 모기를 잡고 말리라'다짐하고 살며시 일어났다. 전등 스위치를 켜고 모기와의 전쟁에 돌입했다. 나를 바보로 만들고 비웃었던 그놈의 범인을 찾기 위해 눈을 크게 뜨고 구석구석 수색에 나섰다. 군대 시절 야간 매복 훈련을 떠올리게 한다. 하지만 그놈의 정체는 어디에도 보이질 않는다. 옷걸이를 흔들어 보아도, 벽과 천정을 둘러보아도 기척이 없다. 워낙에 작고 엄폐를 잘하는 놈인지라 어디로 숨어 버렸는지 도대체 찾을 수가 없다. 차라리 숨바꼭질 놀이였다면 '못 찾겠다 꾀꼬리'를 외치고 싶었다. 그러나 사람 말을 알아듣는 녀석이 아닌지라 그렇게도 못하고 난감하다. 밤새 몇 번을 같은 행동을 반복하다가 끝내는 모기는 잡지도 못하고, 잠도 제대로 자지 못했다. 어느 틈에 물렸는지 한 곳은 엉덩이에, 다른 한 곳은 손이 닿지 않는 등이라 긁기도 어렵다. 그렇게 보기 좋게 모기와의 전쟁은 완벽한 나의 패배로 끝나 버렸다.

눈에도 잘 띄지 않는 작은 모기와의 전쟁을 치르느라 어머니는 만나지도 못한 불면의 밤을 보내고 아침이 밝았다. 간밤에 내리던 비도 그쳤다. 지난밤의 패배에 자존심이 많이 상해있는 터라 오기가 발동했다. 이제 날이 밝았으니 내 기어이 나를 바보로 만든 모기란 놈을 잡아 복수를 하리라 다짐했다. 탈출구를 봉쇄한 후 수색 작전에 돌입했다. 모기가 숨었을 만한 곳을 이리저리 뒤지던 중 천장 구석에 숨어있는 녀석을 발견했다. 얼마나 피를 많이 빨아 먹었는지 배가 통통해져서 날지도 못할 정도로 포식을 한 것 같았다. 휴지로 놈을 누르자 빨간 피가 흥건하게 묻어 나온다.

'아!~아까운 내 피!'

암모기는 알에 필요한 영양분을 섭취해야만 하는 종족 번식의 본능과 모성 본능 때문에 내 소중한 피를 빨아 먹을 수밖에 없었으리라. 그러나 이 전쟁을 시작한 것은 모기니까. 나는 다만 정당방위(?)를 했을 뿐이다. 그렇게 죽은 모기에 대한 미안함을 정당방위로 둘러대는 나 자신이 민망하기 짝이 없다. 그렇게 장장 이틀간 모기와의 전쟁은 그렇게 끝났다.

어린 시절 마당에 멍석을 깔아놓고 가족들이 둘러앉아 어머니가 쪄주신 옥수수와 감자를 먹으며 단란한 시간을 보냈었다. 그때에도 질화로에 쑥으로 모깃불을 지펴놓고 모기를 퇴치하는 전쟁을 벌였었다. 매캐하면서도 구수한 생쑥 타는 연기가 아직도 코끝에 아련하다. 그러니 오늘의 이 전쟁은 나의 승리라고 할 수 없을지도 모른다. 이 지구가 멸망하지 않는 한 내일도 모레도 언제까지나 계속될 것이다.

아무리 모기들이 싫어하는 식물을 심고, 기피제가 개발되고 살충제를 살포한다고 해도 사라지지 않을 해충인 모기.

"야! 이 못된 모기 새끼들아! 너희들은 잠도 없냐? 제발 잠 좀 자자~!"

베이비붐 세대

　친구들과 학교 가는 길엔 송사리와 피라미 떼가 몰려다니는 모습이 훤하게 보일 정도로 맑디맑은 개울물이 흘렀다. 검정 고무신을 신고, 책보는 등에 울러 메고 시오리 밖 학교를 뛰어다녔다. 그럴 때마다 양철 필통 속 몽당연필은 어지럽다며 비명을 질러댔다. 몽당연필이라 연필심은 부상하나 입지 않았다. 운 좋게 운동화라도 얻어 신는 날이면, 새 운동화가 닳을까 걱정이 되고 아까워 운동화를 손에 들고 맨발로 달리던 우리들. UN의 무상 구호물자인 가루우유를 끓인 죽과 옥수수 빵을 배급받아 먹으면서도 건강하게 뛰어놀았었다. 네모 칸이 쳐진 누런 공책, 몽당연필 심에 혓바닥을 내밀고 침을 묻혀가며 '바둑아 나하고 놀자, 영희야 철수야'를 꾹꾹 눌러 섰던 우리들. 아이들의 숫자는 많고 교실은 부족해 '콩나물 교실'이란 신조어가 생겨났고, 그도 모자라 2부제 수업을 받아야만 했던 우리들. 길을 가다가도 애국가가 흘러나오면 자연스럽게 왼쪽 가슴에 손을 얹고 멈추어 서서 애국을 마음에 새겼던 세대. 글자를 배우면서부터 국민교육헌장을 외워야만 했고 완전하게 외울 때까지 나머지 공부를 해야 했다. 그 기억이 아직도 저장되어 있어 지금까지도 '우리는 민족중흥의 역사적 사명을 띠고

이 땅에 태어났다…'가 입에서 술술 흘러나오는 세대.

하나같이 어려웠던 시대를 살아온 우리의 부모님들은, 힘든 시절을 자식들에게만큼은 물려주지 않기 위해, 허리를 굽히고 무릎을 접는 수모도 마다하지 않았다. 본인들이 누리지 못했던 풍족한 삶을 물려주기 위한 눈물겨운 삶을 지켜봤던 우리들이다. 일본의 식민지 시절과 6.25 전쟁으로 참혹한 고통의 세월을 겪으며 살아내신 어른들은, '너희들처럼 행복하고 복 받은 세대는 없다'고 귀가 닳도록 들으면서 괜히 미안해하던 우리들이었다.

중학교를 입학할 때도 시험을 치르고 합격해야만 입학할 수 있었기에 교과서를 통째 암기했던 시절에도 우리들은 그저 이름 없는 세대였다. 교실 골마루를 집에서 가져온 들기름과 참기름, 타다 남은 초의 동강으로 반짝반짝 윤이 날 때까지 문지르고 닦기를 반복하며 구구단을 외우고, '태정태세문단세'를 입에 달고 살았다.

검은 교복에 빡빡머리로 중·고등학교를 다녀야 했고, 교문에는 저승사자 같은 규율부 선생님과 선배 규율부원들이 지키고 서서 복장 검사를 했다. 작은 위반 사항이라도 발견되면 교문 뒤편으로 끌려갔다. 그때부터 엉덩이는 내 것이면서도 내 것이 아니었다. 규율부원의 마음대로 할 수 있는 물건으로 전락했다. 시험 성적이 기준에 미치지 못하거나 지나치게 떨어지면 손바닥과 엉덩이는 선생님의 소유가 되는 게 당연하다 생각했던 우리들이었다.

군사문화가 지배하던 시절 고등학교에 입학 하면서부터 목총으로 제식훈련과 총검술을 익혔고, 매주 월요일마다 교련 조회를 했다. 사열과 분열을 하며 목총을 어깨에 메고 '우로~봐', '받들어~총', '멸~공' 구호를 외치며 나라의 정책에 무조건 순종해야 했던 우리들. 33개월 동안 나라의 부름을 받아 청춘의 꿈과 희망을 잠시 미뤄둔 채, 나라에 충성한다는 명분에 이의를 달 수 없었다. 모처럼 나온 고깃국은 돼지가 헤엄치고 지나간 것 같이 멀겋더라도, 우리들은 불평 한마디 할 수 없이 감지덕지(感之德之)할 수밖에 없었다.

허락받지 않고 읽거나 소지했던 한 권의 책, 한잔 술에 취해 호기(豪氣)롭게 내뱉은 말 한마디에 어디론가 끌려갔다. 숱한 고문으로 폐인이 되었다는 이야기를 숨죽여 들으며 세상을 부끄러워했던 시절에도 우리들은 이름 없는 세대였다.

누군가는 우리가 고도 성장기에 꿈과 소망을 함께 차근차근 이루어간 행운의 세대라고 했다. 성장의 논리와 권위주의에 지배되어, 잘 길들어진 소가 쟁기를 끌 듯 앞만 바라보며 달렸다. 빠듯한 살림살이에 여가생활이란 단어는 먼 남의 나라 이야기였고, 오직 일 중심의 생활이 당연시되던 시절이었다. 그랬었기에 아이들과 놀아주지 못한 걸 미안해하지만, 쑥스러워 대놓고 '미안하다'말하지 못했던 우리들이다.

가부장적 유교문화를 배우며 자라났지만, 자녀들에게도 배우자에게도 환영받지 못하는 우리들. IMF 때에는 어느 정도 위치에 서게 되자 조직의 관리자란 이유로 등을 떠밀렸고, 회사가 문을 닫아 갑자기 쫓겨났다. 어느 이름 모를 간이역에 버려진 것만 같아 방황하고 아파했던 우리들. 경제부흥을 경험했고 최악의 경제상황도 같이 경험한 우여곡절 많은 이름 없는 세대였다.

자녀교육과 내 집 마련의 부담으로 공적연금을 제외한 노후 준비는 엄두도 내지 못한 불안한 우리들. 자녀 양육과 부모 부양의 책임을 다하고도 자녀로부터 부양을 받기를 기대하지 않는, 아니 기대할 수 없는 불쌍한 우리들.

아날로그와 디지털세대 사이에 낀 우리들.

선배 세대처럼 멋지게 폼도 잡고, 권위도 세워보려 애써보지만, 어느 날 뒤돌아보니, 부모님은 늙으셔서 부양해야 하고, 은퇴는 했지만, 아직 젊고 새로운 일에 도전하기엔 조금은 어정쩡한 젊은 꼰대가 되어버린 우리들. 일자리를 찾아 이리 뛰고 저리 뛰어다녀 봐도 나이가 많다는 이유로 집에서 쉬시라는 말을 듣는다. '쉴 수 있는 여유가 있으면 좋겠다!'는 자조 섞인 말을 하며 쓸쓸히 돌아서야만 하는 우리들.

부모님과 나라에 순종했던 세대!

그렇게 이름 없는 세대였다가, 어느 날부터인가 우리 세대에게 외국(미국)에서 사용했던 외제(外製) 이름이 붙여졌다. 이름하여 '베이비붐(baby boom) 세대!'

어쩌면 6.25를 몸소 겪으며 가난이 몸에 배고, 고생을 숙명처럼 여기고 살아오신 우리 부모님 세대나, 7포(연애, 결혼, 출산, 내 집 마련, 인간관계, 꿈, 희망)라는 고난을 겪고 있는 우리 자녀들 세대에 비하면, 우리들은 누군가 말한 것처럼 행운의 세대인지도 모르겠다.

포기라는 단어를 차마 말하지는 못하지만, 어쩔 수 없이 받아들일 수밖에 없는 우리 자녀들에게 풍족한 삶을 물려주지 못했으니, 종아리라도 걷고 회초리를 청해야 하지 않을까?

그래도 열심히 살았으니 용서하고 이해해 주지 않을까?

고추 심는 날

텃밭이 딸린 단독주택으로 이사하게 된 것은, 은퇴 후 전원생활의 꿈을 실현해 보고자 하는 작은 소망 때문이었다.

텃밭에 손수 심은 성성한 각종 채소를 식탁에 올리고, 여러 종류의 과일나무도 심을 계획에서였다. 정원에는 파란 잔디를 심어 앞으로 태어날 손자와 손녀들이 잔디밭에서 마음껏 뛰어놀 수 있게 해주고 싶었다. 탐스럽게 열린 과일을 직접 따먹을 수 있는 즐거움을 안겨주고 싶은 기대도 한몫했다. 이제는 가끔 집에 오는 손녀와 손자가 잔디밭에서 뛰어놀고 앵두와 살구, 자두와 포도도 따 먹고 있으니 이만하면 나의 계획은 성공한 셈 아닐까?

아파트의 편리함과 안전함에 익숙해 있던 아내를 설득하는 데는 꽤 오랜 시간과 정성이 필요했다. 봄이 되면 겨우내 앙상했던 나뭇가지에 참새 부리 같은 연초록의 어린 새싹이 뾰족한 주둥이를 내민다. 황량하던 정원에는 몇 년 동안 심어놓은 화초들이 흙을 비집고 고개를 삐죽 내민다. 마치 잠에서 막 깨어난 아이가 고개를 들고 엄마를 찾아 두리번거리는 모습을 보는 것 같아 귀엽다. 그런 모습을 신기해하면서, 이사 오기 싫다던 아내도 몇 년을 살아보더니 지금은 너무도 좋아한다. 이제는 아파트에서는 답답해서 못살 것 같단다.

그렇게 마련한 텃밭에 매년 5월 초순이 되면 나는 고추, 참깨, 옥수수를 심고 상추, 토마토, 오이, 호박 등 채소들을 심는다. 참깨를 수확하고 나면 김장배추와 무를 심고, 옥수수를 수확하고 나면 들깨도 심는다. 우리네 밥상에 일 년 내내 고춧가루와 참기름, 들기름이 들어가지 않은 반찬이 없을 만큼 음식의 필수 재료다. 옥수수는 어릴 적 추억을 먹고자 빼놓지 않고 심는 작물이다.

고추는 임진왜란 이후인 천육백 년 대 초반에 일본으로부터 전해 졌단다. 족히 사백 년은 훨씬 넘은 셈이다. 우리나라 사람들은 그렇지 않아도 매운 고추를 고추장에 찍어 먹는다. 그만큼 고추를 좋아한다. 아무튼 고추는 맵다. 그러나 아무리 맵다 한들 우리네 어머니들의 시집살이만큼 매울까?

올해도 그 텃밭에 고추를 심기 위해 이웃집 아저씨에게 관리기를 빌려서 이른 봄부터 텃밭을 갈아 놓았다. 작년에 버려진 음식물 찌꺼기와 떨어진 낙엽들을 모아 잘 발효시킨 퇴비도 넉넉하게 준비해 두었다. 갈아놓은 밭에 고랑을 만들고 준비해 놓은 퇴비를 충분히 뿌린다. 흙으로 두둑을 만들어 비닐을 씌워 놓았다. 그렇게 고추밭을 만들자니 허리도 아프고, 땀은 온몸을 적신다. 입에서는 쇳내가 날 만큼 숨이 차다. 손바닥의 붉은 물집은 나를 쳐다보며 실실 웃는다. 붉은 잇몸을 드러내며 비웃는 웃음 때문인지 얼치기 농부의 손바닥은 점점 더 얼얼해진다.

아~ 힘들다!

밭고랑에 그대로 주저앉아 잠시 숨을 고른다. 그렇게 땀을 식히고 있자니 평생을 농사꾼으로 살아오신 부모님 생각이 절로 난다. 작은 고추밭 하나 만드는데도 이렇게 힘이 드는데, 그 많은 농사일을 어떻게 평생토록 해 오셨을까? 아마 가족에 대한 책임감 때문은 아니었을까? 그 생각을 하니 갑자기 콧잔등이 시큰거리고 눈시울이 뜨거워지며 목울대가 울컥거린다. 갈증이 난다. 때마침 곁에서 나를 돕고 있던 아내가 집으로 들어가더니, 담장 안에서 고개를 내밀고 나를 부른다.

"여보~!"

뒤뜰 그늘에 돗자리가 펴져 있고 그 위에는 막걸리와 깍두기가 놓여있다. 수건으로 땀을 닦으며 퍼질러 앉는다. 막걸리를 한 잔 가득 따르면서 "받으~시오~"하며 건넨다. 아내가 건네준 시원한 막걸리를 들이켜며 "크~좋다. 역시 막걸리 안주에는 깍두기가 제격이야."하며 제법 농사꾼 흉내를 내 본다.

며칠 후 고추 심는 날 일반고추 백오십 개, 청양고추 오십 개를 사 왔다. 씌워놓은 비닐에 구멍을 뚫고, 고추 모종을 넣고, 물을 주고, 다시 흙으로 덮기를 반복하는 지루한 작업이다. 쪼그리고 앉아 일을 하니 고뱅이도 아프고 허리도 아프다. 일을 다 마치고 일어서려는데 이웃집 형님께서 지나가시다 보시고는 한마디 하신다,

"자네 재작년에 고추 농사를 그렇게 망치고서 올해도 농약을 안 칠 건가?"

"글쎄요~, 어떻게 해야 좋을지 모르겠어요."

"요즘에는 농약 안 치고는 농사 안되네 이 사람아" 하시며 딱하다는 듯 혀를 끌끌 찬다. 진정 화학비료의 도움도 없이, 농약도 치지 않고 작물을 재배해 보겠다는 생각은 고집이고 오만일까? 농

작물은 농사꾼의 발소리를 듣고 자란다는데 이젠 발자국 소리로만으론 버텨내기가 버거운가보다. 2년 전 실패를 경험한 터라 더는 고집부릴 일이 아니란 생각이 든다. 고추 탄저병 때문에 첫물만 수확하고 나머지는 전부 뽑아 버렸었다. 수확도 제대로 해보지도 못하고 뽑아낼 수밖에 없었다. 병든 고춧대를 뽑아내면서 얼마나 부아가 치밀던지, 지금 생각해도 얼굴이 후끈 달아오른다. 비가 오지 않고 가물어 퍼 나른 물의 양만도 얼마이던가! 포기마다 정성을 들인 그동안의 수고가 헛일이 된 것 같아 허탈했었다. 그런 일을 알고 있는 이웃집 형님의 걱정도 무리는 아니다. 그때도 농약을 치라고 했지만, 고집을 부렸었다. 건조 또한 기계에 말리면 시간도 단축되고 편하겠지만, 자연건조만을 고집했다.

 아내는 그런 내 모습이 한심하다는 듯 바라보며 혼잣말처럼 중얼거린다.

 "하여튼 이 씨(氏) 고집은 알아줘야 해."

아날로그에 대한 향수

　며칠 전 자동차를 타고 외출하던 중 삼거리에서 신호대기를 하고 있었다.
　건널목을 건너는 얼룩무늬 제복의 군인이 눈에 들어온다. 작은 담배 가게 앞에 멈춰서더니 안주머니에서 하얀 편지봉투를 꺼내 우체통에 넣는다. 그동안 수없이 이 길을 오가면서도 그 담배 가게에 우체통이 있다는 사실을 잊고 있었다. 참으로 오랜만에 보는 광경이라 넋을 놓고 바라보고 있었다. 뒤차에서 경적이 울린다. 신호가 바뀐 줄도 모를 정도로 그 모습이 신선했다. 저 빛바래고 허기진 우체통은, 방금 넣어진 편지 한 통으로 허기를 면했을까? 소식을 전할 일이 있으면 휴대전화로 통화하거나, 간편하게 SNS로 연락을 주고받는 시대를 살고 있다. 그런 시대라 그 모습이 더욱더 신선하게 느껴졌는지도 모르겠다.
　요즘은 예전처럼 시계탑 앞에서 만나자는 약속도, 그 시계탑 앞에서 사랑하는 사람을 이제나저제나 초조한 마음으로 기다릴 필요도 없다. 전화를 걸기 위해 공중전화 부스 앞에 줄을 서서 발을 동동 구를 필요도 없다. 그만큼 절절하고 애틋한 기다림은 사라져 버렸다. 편지지에 구구절절 마음을 담아 전할 필요도 없다.

휴대폰을 열고 손가락만 까딱까딱하면 마음이 전달된다. 이처럼 생각의 전달이나, 마음의 전달이 신속하게 즉시 이루어진다.

　기다림과 그리움의 과정이 생략되어 숙성되지 않은 날것의 감정으로 인해서 정제된 절절한 마음의 전달이 아쉽기만 하다.

　초·중·고등학교 때까지도 "국군장병 아저씨께"로 시작되는 위문편지를 많이도 썼었다. 학생 잡지 뒤편에 자리한 펜팔 난을 뒤져 마음에 드는 이름을 골라 편지를 썼었던 기억이 새롭다. 하라는 공부는 안 하고, 아름다운 꽃 편지지에 멋지고 수려한 문장을 쓰기 위해 호롱불의 석유를 축냈었다. 제발 간택되기를 바라는 마음으로 여러 권의 시집과 명언 집을 열심히 뒤적였다. 어떻게든 상대의 마음을 사로잡기 위해 썼다가 지우고, 다시쓰기를 반복했다. 아무리 애써도 마음에 들지 않아 머리를 쥐어뜯으며 자책하기도 했었다. 어렵게 완성된 편지를 곱게 접어 우체통에 넣었다. 그토록 기다리던 답장이라도 받는 날이면, 그 설레던 마음은 또 얼마나 컸던가! 그런데 이제는 편지를 부치고 답장을 기다리는 설렘도, 지구 저편에 대한 두근거림과 동경도 옛일이 되어버렸다.

　아날로그 시대에는 그런 간절한 기다림과 가슴 떨리는 설렘이 있었다. 편지를 우체통에 넣고 돌아서는 순간부터 기다림은 시작된다. 편지가 이렇듯 좋은 것은, 기다림과 그리움이 함께 동봉되어 있기 때문인지도 모른다. 시간만 잊힌 것이 아니라 기다림과 그리움의 마음도 함께 사라진 것만 같아 아쉽다.

　그처럼 진지하고 간절한 마음으로 편지를 써본 지가 언제였던가! 기억이 가물가물하다. 편지를 얼마나 안 썼으면 매일 눈앞에서 알짱거리며 존재를 나타내려 애쓰는 우체통이 보이지 않았을까. 우체통을 가리켜 '목소리가 닿을 수 없는 마음과, 말을 저장하는 아름다운 창'이라는 글귀가 생각난다. 수많은 사연을 간직하고 있음에도 누구에게도 발설하지 않는 무거운 입을 가진 우체통. 그러나 이제는 우체통을 보기가 그리 쉽지만은 않다. 간절한 마음과 수많은 사연을 이제는 어디에 저장하고 누구에게 말해야 할까.

  디지털 시대에 사라져 버린 아날로그의 물건이나 제도가 어디한 둘이겠는가. 추억의 물건과 장소들이 이젠 문명의 이기에 떠밀려 쇠락한 제국의 모습처럼 사라져 버렸다.

  추억의 향기가 온몸으로 느껴지는 아날로그 방식이 나는 참 좋다. 이렇게 사라지고 잊혀가는 것은 비단 물건 하나, 직업 하나가 없어지는 것이 아니다. 우리의 정서, 우리의 생각까지도 바뀐다는 사실이 아쉽기만 하다. '예전이 좋았지!'라는 말을 입버릇처럼 되뇌는 까닭은 무엇인가. 그건 아마도 불편함이 사라지는 사이에 또 다른 무언가가 사라졌기 때문은 아닐까? 산업화와 정보화 속에서 여유와 낭만 대신, 삭막해져만 가는 오늘을 살아가기란 참으로 피곤하고 멋대가리가 없다.

  나는 은행원으로 삼십 년을 근무하고 은퇴한 지도 십 년이 훨씬 넘었다. 입사 초기 은행 업무의 필수품은 주산이었다. 그리고 모든 업무는 수기(手記)로 하던 시절을 보냈다. 예금, 적금, 대출금 이자도 주산과 전자계산기로 계산했다. 업무를 마감하고 나면 웬만한 백과사전보다도 더 크고 두꺼운 총계정원장과, 병풍만큼이나 길고 두꺼운 평균잔액 시산표를 작성해야 했다. 그 앞에 엎드려 차변(借邊)과 대변(貸邊)의 다툼을 중재하느라 까만 밤이 하얗게 될 때까지 수많은 날을 보냈다. 흑임자 같은 작은 숫자들을 빈칸에 채울 때마다 현기증이 일었다. 그러나 이제 주산이나 총계정원장, 평균잔액 시산표 등은 박물관에나 가야 볼 수 있는 물건이 되어버렸다. 보고서도 일일이 수기로 작성해서 결제 받아야만 했다.

　시간이 갈수록 편리해지고 발전하는 현실에 뒤처지지 않기 위해 허둥대며 살다 보니, 아날로그의 감성이 그리워진다. 그것은 긴 시간 동안 아날로그의 삶에 길들여진 때문은 아닐까? 우리의 생활이 편해진 만큼 삶의 질(質)도 그만큼 좋아졌을까? 공상과학 영화가 현실이 되어가고 있는 지금, 이제 우리는 디지털 기술이 아니면 살아가기 힘든 세상에 살고 있다. 어렵게 익혀서 가까스로 적응할 정도가 되면, 어느새 또 다른 형태의 기술이 등장해서 나를 당황스럽게 만든다.

　그놈에 디지털 기술에 끌려다니느라 오늘도 나는 숨이 차서 긴 숨을 몰아쉰다.

　나는 역시 아날로그 세대인가 보다.

　그 시절이 마냥 그립기만 하다.

나는 착한 임대인

나는 아내와 결혼하고 지금까지 사십 년을 넘게 살고 있다. 그중 결혼 초부터 십이 년 동안 주소지가 열 번이나 바뀌었다. 일 년에 한 번꼴로 이사를 한 셈이다. 매달 월세 계약을 하거나 전세 계약을 하고 남의 집을 잠시 빌려 쓰는 세입자였다. 월세로 살 때 내가 월급을 받아오면 아내는 제일 먼저 가계부 갈피에 월세 낼 돈을 끼워놓는다. 월세 내는 날짜가 되면 하루도 밀리지 않고 가계부에서 빼내 집주인에게 꼬박꼬박 바쳤다. 이사 하는 일은 쉬운 일이 아니다. 짐을 싸고, 다시 풀어 정리하고, 새로운 환경에 적응해야 한다. 이사할 때마다 내가 출근하고 나면 아내는 혼자서 이삿짐 싸는 일을 도맡아 했다.

내 집이 아닌 남의 집에 세 들어 살다 보니 큰소리도 못 내고, 아이들은 까치발로 걷게 했다. 형편이 넉넉지 못하니 좋은 집은 엄두도 못 냈다. 여름 한낮에는 슬레이트 지붕과 블록 벽돌로 된 벽이 태양과 눈이 맞아 온몸을 마주하고 뜨겁고 격렬한 사랑을 나눈다. 한밤중이 되어도 그들의 뜨거운 사랑의 열기는 식지 않고 방안으로까지 쳐들어온다. 방은 한증막으로 변해 잠을 잘 수가 없다. 그렇게 눈이 맞아 놀아나더니, 한겨울에는 말다툼은 했는지 서로 마주보기는 해도 공기는 늘 싸늘하기만 했다. 싸늘한 기운은 방 안까지 들어와 냉장고로 만들어 놓는다. 태양과 화해를 시켜줄 능력도, 주제도 되지 못하니, 그저 눈치만 보며 묵묵히 견디는 도리밖에 없다. 집 없는 설움을 겪어본 사람은 이 같은 심정을 알리라.

요즘 아이들의 장래 희망이 건물주란다.

아이들의 희망대로라면 나는 이미 성공한 사람이다. 어엿한 건물주가 되었으니 말이다. 우리 집에 세 들어 살고 있는 세대가 몇 세대나 되는지는 정확하게 알지 못한다. 그 가족들의 숫자도 모른다. 어림잡아 3·4십 세대쯤은 되지 않을까? 추측만 할 뿐이다. 이름도 알 수 없고 생김새도 비슷해 누가 누구인지도 모른다. 계약서도 쓴 적이 없고 임대료도 한 푼 안 낸다. 전입신고도 하지 않고 확정일자도 받아놓지 않았다. 뭐 그런 집주인이 있느냐고 의아해할지 모르겠지만, 사실이다. 다만 한 세대만은 얼굴을 알고 있다. 최근에 세 들어온 가족이다. 하지만 그 가족도 내게 허락을 구한 적이 없다. 어떻게 여자를 구워삶았는지 우리 집 앞에서 눈꼴 사납게 보듬어 안고 쪽쪽 빨고 난리를 치더니, 느닷없이 들어와 살림을 차렸다. 집주인인 내 눈치 따위는 아랑곳하지 않고 사랑놀음에만 빠져 있었다. '내 아를 낳아도'라며 보챘는지, 무작정 보쌈이라도 했는지 알 수는 없지만, 들어오자마자 애까지 낳아 기르며 산다. 며칠 전에는 또 다른 가족이 들어오더니 애를 낳아놓고는 아무런 말도 없이 사라져 버렸다. 경찰서에 신고할까? 하다가 그래도 기다려보기로 했다. 하지만 아무리 기다려도 그들은 돌아오지 않았다. 우리가 불편하게 했는지, 아니면 집이 마음에 들지 않았는지 알 수는 없다. 올 때도, 갈 때도 자기들 마음대로다.

　세 들어 살면서도 집안을 얼마나 어지럽히고 더럽게 쓰는지 모른다. 화장실이 있음에도 아무 곳에나 볼일을 본다. 그러면서도 세 들어 사는 주제에 청소 한 번 하지 않고 미안해하는 기색조차 보이지 않는다. 가끔은 자식들의 죽은 시체도 그대로 방치한다. 청소는 물론 남의 집 자식들 장례 치르는 일까지 오로지 집주인인 내 몫이다. 이른 아침부터 애들이 얼마나 시끄럽게 떠들어대며 부산을 떠는지 모처럼 늦잠이라도 자려 해도 도대체가 잠은 잘 수가 없다. 그들의 몰염치에 두 손 두 발 다 들었다.

　그나마 다행인 것은 '고쳐 주세요!' '갈아주세요!' '물이 안 나와요!' 같은 요구사항은 하지 않는다는 점이다. 임대차보호법이 어쩌고저쩌고 따지지도 않는다. 그래도 부아가 치밀고 울화통이 터지는 마음은 숨길 수가 없다. 계약서도 없이 무단으로 점거해 살고 있으니, 계약갱신이고 뭐고 없이 마냥 쭉 눌러산다. 그러나 집 없는 서러움을 알기에 '방 빼~!'라는 말도 못 하고 냉가슴 앓듯 그냥 묵묵히 뒤치다꺼리하면서 산다. 가여워서 내쫓을 수도 없다. 어떻게든 살아보겠다고 우리 집에 들어와 애까지 낳고 오순도순 살아가는 모습을 보면 그래도 뿌듯하다.

　우리 집은 단독주택이다. 기와집이라 기와 골골에 참새들이 둥지를 틀고 산다. 말이 단독주택이지 공동 주택이나 다름없다. 내가 이 집으로 이사 온 게 이십 년 전이었는데, 그때도 그들은 살고 있었다. 이 년 전에 둥지를 틀까 말까 망설이며 내 속을 태우던 제비도 현관 앞 처마 밑에 둥지를 틀었다. 제비가 둥지를 틀면 좋은 일이 생길 징조라는 옛 어른들의 말씀을 믿고 싶어서였는지, 집터만 둘러보고 갔을 때는 얼마나 서운했는지 모른다.

새벽부터 참새들이 얼마나 시끄럽게 '짹짹'대는지 늦잠은 엄두도 못 낸다. 뒤뜰 빈 과일상자 안에 둥지를 틀고 알을 하나 낳아놓았던 곤줄박이는 아쉽게도 끝내 돌아오지 않았다. 그 이유는 나도 잘 모르겠다. 임대료도 안 내는 막무가내 세입자가 늘어나는 만큼 집주인인 나의 일거리도 그만큼 늘어난다. 그렇더라도 임대료도 받지 않고 무상으로 주거지를 제공한 착한 임대인이라는 자부심으로 힘들단 생각 안 하고 살고 있다. 어린 시절 초가지붕 처마 속에 둥지를 튼 참새를 한밤중에 몰래 잡아먹었었고, 한낮에는 새덫으로 잡아 구워 먹었다. 그래서 그들 조상에게 저질렀던 짓을 반성하고 속죄하는 마음으로 불평하지 않기로 했다. 지난날 저질렀던 파렴치한 죗값을 치르는 중이라 생각하기로 했다.

사업자 등록증도 없고, 수익도 없는 임대인이지만 어쨌든 나는 착한 임대인이다!

나는 건물주다!

언제나 가까이에 있으면서도 자세히 보지 않으면 보이지 않는 낮달 같이,
늘 내 곁에 존재하는 풍경들이 보이기 시작했다.

제5부

이제야 보이는 풍경들

고향

"♪나에 살~던 고향은 꽃피는 산골, 복숭아꽃 살구꽃 아기 진달래~"

내 어릴 적 살던 고향은 작은 산골 마을이다, 열세 가구가 옹기종기 모여 가족같이 지내던 전형적인 농촌 마을이다. 초등학교 때 즐겨 부르던 동요 가사 같은 그런 곳.

얼마 전, 두고 온 추억의 조각들을 맞추어 보고자 내 어릴 적 고향엘 다녀왔다. 세 살 때부터 열다섯이 될 때까지 십이 년여를 살았던 곳이다. 오늘같이 가슴 한쪽이 텅 비고 쓸쓸할 때면 언제나 생각나는 고향! 그 텅 빈 가슴으로 찬바람이 스며들어 고향이라는 단어와 추억을 빛바랜 사진처럼 꺼내보게 된다. 기어이 길을 나서 고향으로 향한다.

그러나 집들도 반쯤은 없어지고, 반쯤 남은 집에도 늙고 병들어 집안에만 갇혀 지내고 있는 어르신들만 몇 분 계실 뿐이다. 매미 허물처럼 껍질만 남은 빈집 한 채가 힘겹게 삭신을 버티고 서 있다. 오지 않는 주인을 기다리던 대문은 끝내 쓰러져 길게 누웠다. 반가움에 얼싸안기라도 하면 힘없이 폭삭 주저앉을 것만 같다. 아무 곳에나 눈을 돌려도 편안하고 아늑할 것만 같던 고향 동네가 어쩐 일인지 낯설다. 오랜 세월이 지나, 나 아닌 다른 남자에게 시집간 첫사랑을 만난 것처럼 서먹서먹하다. 내가 살던 집은 흔적도 없고, 그 터에는 새로운 집이 지어져 점령군처럼 버티고 서 있지만 인적은 없다. 또 한 번 허전함에 가슴속에 찬 바람이 분다. 컹컹거리며 집을 지키는 바둑이도, 돌담 위에 앉아 해바라기하는 고양이조차도 보이지 않는다. 이끼 낀 돌담들이 세월의 눈가에 짙푸른 그리움을 품고 하품하며 졸고 있다. 추억 속 고향은 아늑했건만, 현실 속 고향은 태풍이 휩쓸고 지나간 마을처럼 휑하고 쓸쓸하기만 하다. 골목골목마다, 산과 들, 논두렁 밭두렁마다 세월 속에 스며든 어머니와 아버지의 발자국은 화석이 되어, 고단한 신음을 토해낼 것만 같다. 오십여 년의 세월이 흘렀어도, 고향의 모습은 그대로 있어 줄 거라 생각했다. 아니 그대로 있어 주길 바라고 있었는지도 모르겠다. 기억 속 고향의 모습과는 너무도 다르게 변해버린 모습을 바라보는 마음이 쓸쓸하다. 청순하고 수줍음 많던 첫사랑이, 늙고 병들어 초라한 모습으로 변해버린 것 같아 가슴이 아리다. 어쩌면 나도 고향이 기대하고 있던 모습이 아닐지도 모른다. 고향의 모습이 예전 그대로의 모습으로 있어 주기를 바라는 것은 나 혼자만의 욕심이란 것 또한 안다. 그러나 벽에 걸어놓은 액자 속 그림처럼 항상 그 자리에 언제나 같은 모습으로 있어 줄 줄만 알았다.

지금은 옛날의 초가지붕과 창호지 문틈 사이로 새어 나오던 호롱불과 등잔불의 불빛이 사라졌다. 소 몰던 아버지의 쟁기질소리도, 골짜기를 울리며 윙~윙 돌아가던 탈곡기 소리의 그림자도 할 일을 잃고 깊은 잠에 빠져있다. 초가집 지붕 위의 박꽃도 사라지고, 쏟아질 듯 총총하던 별들도 문명의 밝은 빛에 숨어버린 지 오래다. 바지랑대 꼭대기에는 고추잠자리가 앉아 쉬고 있었다. 빨랫줄에는 어머니가 빨아 널어놓은 아버지의 적삼과 어머니의 광목 치마, 형의 까만 교복, 동생의 고리 땡(코르덴) 바지가 바람이 밀어주는 그네를 타고 있었다. 그 빨랫줄에서 그네를 타던 내 바지는 지금은 어디로 갔을까?

 발가벗은 내 모습을 기억하고 있을 작은 연못 속엔, 아직도 그때처럼 하늘을 담겨있고 구름이 흘러간다. 가까이 다가가 쪼그려 앉는다. 연못 속에는 어린 시절의 내 모습은 사라지고, 백발의 낯선 노인이 무표정한 모습으로 나를 노려보고 있다. 나무들은 물구나무를 선 채 하늘을 떠받치고 있다. 저만치에서 물잠자리가 날아오른다. 둑에 앉아 살며시 눈을 감아본다. 물방개, 물뱀과 함께 연못에서 멱 감던 동무들의 시끌벅적한 목소리가 들릴 것만 같다. 초등학교 칠 년을 넘나들었던 노루고개 옆으로는 고속도로가 가로질러 요란한 자동차들의 질주 소리만 들린다. 노루가 넘나들었다는 노루고개에서 나는 한 번도 노루를 보지 못했다. 이제는 구름이나 넘나드는 초라한 모습으로, 고개 같지 않은 고개로 남아있다. 친구들의 재잘대던 소리는 어디에서도 들리지 않는다. 납작 엎드려 나를 품어주던 초가지붕은 사라졌다. 희미하게 새어 나오던 등잔 불빛과, 정겹던 어린 시절의 추억은 이제 영영 잃어버린 낙원이며 돌이킬 수 없는 향수인가!

 동네 엄마들의 빨래터였고 흙 묻은 발을 닦아내던 샘터도 메워져 흔적도 없다. 내 비밀을 모두 알고 있는 것들이 사라져 버리고 없다는 안도감보다는, 허전하고 서운함이 앞서는 것은 무엇 때문일까. 산 어디를 가도 오솔길이 있었지만, 이젠 숲이 우거져 옛 오솔길은 흔적조차 보이지 않는다.

 고향은 오늘처럼 불현듯 찾아와도 넓고 포근한 가슴으로 안아줄 줄만 알았다. 잊혀가는 것들에 대한 애틋한 그리움에 눈물이 난다. 회초리가 밟고 지나간 종아리를 부여잡고 절뚝이며 걸었던 구불구불한 하굣길도, 나뭇짐을 짊어지고 다리를 바르르 떨며 내려오던 산비탈 길도, 고달팠던 삶까지도 그리움이 된다. 아직도 산그림자는 마당을 쓸고 지나가고 있건만, 나는 그동안 너무 멀리 떠나 있었나 보다. 사람들 냄새로 들썩이고, 굴뚝으로 생솔가지 타는 연기가 피어오르던 온기는 사라졌다. 시간의 덫에 걸린 적막한 풍경만이 무거운 침묵 속에서 묵은 시간을 붙잡고 초라해진 모습으로 휘청거리며 서 있을 뿐이다.

 그리움을 안고 찾아가면 언제라도 반갑게 맞아줄 것만 같은 믿음. 언제든 가면 편하게 쉴 수 있는 그늘이 되어줄 것만 같은 믿음. 마음속에는 언제나 그리움뿐인데, 불현듯 생각나는 고향으로 가고 싶은 마음 때문에 조바심을 내다가도, 어느 순간 까마득히 잊고 마는 고향!

 이젠 고향의 모습을 추억 속에서만 그려야 하는가!

 밥 먹으라 부르시던 어머니의 목소리가 가느다란 나뭇가지에 걸려 흔들린다.

 아쉬움에 그리운 마음만 흔들리는 나뭇가지에 걸어놓고서 허전한 가슴을 안고 발길을 돌린다.

가을 예찬 禮讚

이젠 아침저녁으로는 제법 바람이 서늘하다.

밤새 외로움에 지친 별들이 흘린 눈물이 풀잎 끝에 매달려있다. 손을 놓칠까, 안간힘을 다해 손아귀에 힘을 주고 있다. 그 조그만 가슴으로도 하늘에 떠다니는 구름도 품고 있고, 내 모습도 안겨있다. 마치 작은 우주를 보는듯하다. 이젠 어디로 보나 가을이다. 가을하늘은 맑고 투명하며 넓어서 좋다. 고요하면서도 풍요롭고 여유로운 풍경이 좋다. 모든 것을 비우고 겨울을 준비하는 너그러운 표정 또한 좋다. 한여름 극성스럽고 야만스러울 정도로 따갑던 태양의 열기도 이제는 조금은 얌전해졌다. 햇살은 외면하고 싶을 만큼 창연하고, 파란 하늘에 떠 있는 뭉게구름은 안기고 싶을 만큼 폭신하다.

어제는 지난여름 구슬땀을 흘려가며 심어놓았던 들깨를 떨었다. 밭에 널어놓은 들깨는 한여름처럼 이글거리지도, 그렇다고 따갑지도 않은 달콤한 햇볕에 바스락거리게 잘 말랐다. 코끝으로 스며드는 들깨의 향이 참 좋다. 하루 종일 들깨를 모아서 다 떨고 나니 한 서너 말은 됨직하다. 넓은 땅이 아니어도 가족들이 나누어 먹을 정도는 되니 이만하면 충분하다. 뻐꾸기가 울기 시작할 무렵에 심어야 한다는 쥐 눈이 콩도 가지마다 앙증맞은 열매를 주렁주렁 매달고 수확을 기다린다. 한여름에 심어놓은 김장용 배추와 무도 주인의 정성에 보답이라도 하려는 것처럼 탈 없이 잘 자라고 있다. 배추는 제법 그럴듯한 모양을 갖추고 속을 단단하게 여미어가고 있고, 무는 희고 푸른 몸통을 내밀고 있다. 마치 보디빌더들이 근육질 몸매를 서로 자랑하듯 밭고랑이 무대인 양 나란히 서 있다. 관객이라야 고작 나 한 사람 밖에는 없지만 멋진 몸매를 드러내고 있는 모습이 대견스럽다.

한여름에는 고추를 따서 볕에 말려 고운 가루를 충분하게 마련해 두었다. 참깨도 수확해서 잘 보관 중이다. 그렇게 계절의 흐름에 따라 하루하루 지내다 보니 어느새 가을이다. 곡식이며 과일들은 햇빛과 비바람을 맞으며 봄에 싹을 틔웠고, 한여름 녹색의 향연은 이제 가을을 맞아 서서히 겨울 채비를 한다. 열매는 그동안 긴 고통을 안으로 삭이며 익어간다. 그래서일까 '정 석주' 시인의 '대추 한 알'이란 시(詩)가 떠오른다. 대추 한 알이 저절로 저렇게 붉어질 리 없다고 했다. 그 안에는 몇 개의 태풍과 천둥, 벼락이 들어 있다고도 했고, 저절로 둥근 모양이 된 것이 아니라, 많은 무서리와 땡볕, 수많은 날이 들어 있다고도 했다.

인간은 참으로 간사하다. 언제 그렇게 더웠는지 기억조차 가물가물하다. 저녁 달빛도 서늘함을 더해가고 더 높게, 더 환하게 떠오른다. 넉넉한 달빛 아래 귀뚜라미가 짝을 찾아 울어대며 가을을 재촉한다. 높아진 가을하늘의 그윽한 달빛은 서늘해지고, 풀벌레들의 노랫소리는 깊어만 가는 가을이 아쉬운 듯 점점 더 애절하게 들린다. 아파트에 살 때는 좀처럼 누리지 못했던 가을의 정취를 마음껏 누린다. 풀벌레들의 화음은 우리의 마음에 쓸쓸함을 부추기는 최면(催眠)을 걸기 위한 주문을 외는 것만 같다. 그윽한 달빛은 서럽도록 밝은 빛으로 가슴 속으로 파고든다. 그렇지 않아도 외로운 가을밤의 분위기에 바람을 잡는다. 세차게 불어오는 태풍에도 가느다란 손목을 잡고 놓지 않았던 나뭇잎 들이다. 그런데 야속한 계절의 질투 때문인가 소슬바람에도 힘없이 떨어지는 모습이 가련하고 쓸쓸하다. 곱게 기른 예쁜 딸의 시집보낼 준비를 하는 엄마의 마음처럼, 나무는 이별을 준비하며 고운 색동옷으로 갈아입힌다. 단단히 잡았던 손을 놓으면 바람이 비질하며 낙엽을 희롱하고, 앙상해진 나뭇가지 위에선 바람이 널뛰기한다. 그렇게 아픈 이별을 반복하며 나무는 한 뼘씩 한 뼘씩 일어설 것이고, 나이테도 한 칸씩 늘어나 조금씩 굵어져 튼튼해질 것이다.

앞마당 빨랫줄에서 고추잠자리가 시집가던 날, 가을만 되면 유난히도 외로움을 타며 가슴앓이하던 노처녀가 시집을 갔단다. 그런데 첫날밤을 치르려고 신방에 들었을 때 새색시가 갑자기 신랑의 뺨을 냅다 후려갈기더란다. 놀란 신랑이 "아니! 왜 그래유?"하니, 신부가 "야 이 눔아! 그 긴 세월 나를 혼자 외롭게 내버려두더니만 이제서야 나타나 나를 감동 시키는 겨?"라며, 미처 옷고름도 풀지 않고 이불속으로 우악스럽게 신랑을 끌고 들어가더란다. 그날 밤 이후로 그 노처녀는 가을이면 지독하게 도지는 외로움의 가슴앓이는 치료가 되었을까?

어쨌든 누군가가 우스갯소리로 지어낸 이야기겠지만 가을은 외롭고 쓸쓸한 계절인 듯싶다. 감기처럼 어김없이 찾아오는 가을앓이를 호되게 치르고 나면 어느새 추워진다. 계절 중에 제일 짧은 계절이 가을인 것 같다. 올 때는 여름 더위에 지친 듯 느릿느릿 팔자걸음으로 오더니, 갈 때는 추위가 두려운지 뒤도 돌아보지 않고 뜀박질하듯 줄행랑을 쳐버린다. 그 이유는 아마도 너무 오랫동안 외로워하지도, 쓸쓸해하지도 말라는 뜻이 담겨 있지는 않을까?

나는 가을 하면 제일 먼저 떠오르는 것은 어릴 적 고향의 가을 풍경이다. 마을이 훤하게 내려다보이는 뒷동산에 오르면 누렇게 익어가는 벼들이 한눈에 들어온다. 산골 마을이라 논두렁은 구불구불했다. 마치 노란색 도화지 위에 처음으로 연필을 잡은 손녀가 서툰 줄긋기 놀이를 해 놓은 것 같았다. 그 모습은 아름답고 정겨웠다.

달 밝은 저녁이면 초가집 지붕 위에 피어난 박꽃들은 달빛을 받아 슬프도록 하얀 미소가 아름다웠다. 달이 없는 밤하늘엔 별들이 금방이라도 소나기처럼 쏟아질 것 같았다.

깊어만 가는 이 가을에, 우리들 앞에 놓인 많은 시련과 아픔, 힘겨운 일들이 잘 풀릴 것이라는 기대로, 더 늦기 전에 단풍을 빌미로 일상에서의 탈출을 한 번쯤 시도해 보는 건 어떨까.

낙엽을 태우면서

엊그제 입동이 지나면서 아침저녁으로는 제법 쌀쌀하다. 아궁이에 군불을 지핀 지도 꽤 여러 날이 됐다. 그래도 한낮에는 햇살이 따뜻해 어디론가 훌쩍 떠나고 싶은 충동이 인다. 이렇게 화창하고 따뜻한 날씨인데 귀찮다는 핑계로 외로운 짐승처럼 방 안에만 틀어박혀 있어야 한다는 게 너무도 답답하다. 따스한 햇살과 높고 푸른 하늘이 주는 배려를 외면하는 것은 도리가 아니라는 생각이 들었다. 장갑을 끼고 모자를 눌러쓰고 마스크도 빠뜨리지 않고 챙겼다. 지루한 듯 멀뚱하게 서 있는 자전거의 핸들을 잡는다. 가을의 끝자락을 배웅하려 자전거를 끌고 대문을 나섰다. 신이 난 듯 두 바퀴에선 짜르르 소리를 내며 옆에 바짝 붙어 졸졸 나를 따라온다. 마치 잘 길들어진 반려견이 꼬리를 흔들며 빨리 나가자 재촉하는 것만 같다.

소양강 댐 쪽으로 난 강둑길을 따라 강물을 옆구리에 끼고 달린다. 길에는 벚나무에서 떨어진 낙엽들이 갈 길을 찾지 못하고 이리저리 방황하고 있다. 자전거 바퀴에 밟혀 부서지는 낙엽의 비명이 애처롭다. 흐르는 물결에서 빛나는 은빛 물비늘도, 흐르는 물소리도 한여름과는 사뭇 다른 느낌을 받는다. 강물에는 오리 한

쌍이 한가롭게 물살을 가르며 '나 잡아 봐~라'놀이 중이다. 나는 강둑에 도열한 억새꽃들의 사열을 받는다. 햇볕을 받은 은빛 너울이 바람의 도움을 받으며 손을 흔들어준다. 억새꽃은 화려한 빛깔을 가진 것도 아니고, 은은하고 짙은 향기가 나는 것은 더욱 아니다. 그러나 가을의 억새꽃을 보면 생각이 달라진다. 바람에 흔들리는 모습은 엄숙한 승무를 추는 듯도 하고, 무녀들의 춤사위 같기도 하다.

억새꽃의 배웅을 받으며 콧구멍 다리를 지나 다시 되돌아 공지천 쪽으로 향했다. 나무에서 떨어진 낙엽 밟는 소리에서는 가뭇없이 흘러가는 세월의 소리가 들린다. 잎을 떨군 나무는 이별의 아쉬움에 몸살을 앓고 있는지 으슬으슬 떨고 있고, 떨어진 낙엽은 감기에 걸렸는지 바람에 구르며 기침을 한다. 자전거를 타고 지나가기엔 못내 아쉬워 걷기로 했다. 낙엽 쌓인 길을 걸으며 내면의 고독과 만나고 싶었다. 그렇게 걷다 보면 마음속 생각의 걸음도 차분해질 것 같았다. 생각이 고요해지면 마음속의 고독을 만나 온전하게 위로하며 걸을 수 있을 것 같았다. 사각사각 밟히는 낙엽의 소리를 들으며 걷자니 프랑스 시인이자 평론가인 구르몽의 시 구절이 떠오른다.

'시몬! 너는 좋으냐/ 낙엽 밟는 발자국 소리가/ 낙엽의 빛깔은 정답고 모양은 쓸쓸하다/ 낙엽은 버림받고 땅 위에 흩어져 있다/ 발로 밟으면 낙엽은 영혼처럼 운다/ 낙엽은 날개소리와 여자의 옷자락 소리를 낸다/ 가까이 오라 우리도 언젠가는 낙엽이 되리니'

푸르른 하늘과 잔잔한 바람을 맞이하는 억새꽃의 은빛 군무, 떨어져 뒹구는 낙엽이 토해내는 영혼의 울음소리를 들으며 구르몽의 물음에 대답해 본다. 그래! 나는 낙엽 밟는 발자국 소리가 좋다. 그런데 왠지 모르게 쓸쓸해진다.

문득 멈춰 서서 나무의 상처를 읽는다. 낯선 여인의 손을 잡듯 엉큼한 속마음을 숨기고 슬며시 낮게 뻗은 가지를 잡는다. 설렘인지 두려움인지는 모르겠으나 나에게 잡힌 손이 파르르 떤다. 그래도 뿌리치지 않아서 다행이다. 소슬바람에 묵은 잎이 떨어지는 가을 나무를 보면서, 한차례 마음의 병을 앓지 않고 그냥 무덤덤하게 넘어가는 목석같은 사람이 어디 있을까. 낙엽을 밟으며 느끼는 감정인 쓸쓸함이나 적막함보다는 엄숙함을 느끼게 하는 또 다른 감정이 발목을 잡는다.

스스로 버릴 것은 버릴 줄 알고, 버려야 할 때 버릴 줄 아는 나무의 의연함이 부럽다. 중력을 거스르면서까지 수액을 높은 가지 끝까지 빨아올리는 모정이 눈물겹다. 나무는 이별마저도 곱게 한다. 봄여름 내내 자기 몸의 일부였던 잎들에게 꽃보다 예쁜 빛깔의 옷을 입혀 이별한다. 바람이 불면 낙엽은 붉은 치마를 뒤집어쓰고 백마강으로 뛰어내린 삼천궁녀처럼 우르르 뛰어내린다. 이별하는 아픔을 미학으로 승화시키는 나무. 육신의 한 부분을 자연으로 돌려보낸 나무의 삶이 가벼워 보이지 않는다. 땅에 떨어져 눈길조차 받지 못하는 낙엽은 흙으로 돌아간다. 사람이 돌아가야 할 곳도 흙이다. 피고 지는 자연의 섭리에 숙연해진다. 낙엽이 밟히며 내는 소리에서 내 삶의 시계 소리가 들려오는 것만 같다.

늦가을의 정취를 즐기며 상념에 젖어 있다가 돌아오니 우리 집 정원에도 낙엽이 흩어져 있다. 아직도 나뭇가지에 매달려있는 나뭇잎은 따분한 듯 졸고 있다. 나는 대빗자루로 흩어진 낙엽을 쓸어 모아 공터에 모아놓는다. 조금은 수고스럽지만, 한여름에 그늘이 되어 쉴 수 있게 해주었고, 탐스러운 열매로 일용할 양식으로 제공해 주었기에 치워야 하는 수고로움은 감수하기로 했다. 모아놓은 낙엽에 불을 붙였다. 낙엽은 타면서 뜨거운지 몸을 뒤척인다. 불에 타면서 피어오르는 낙엽의 영혼을 멍하니 바라보면서 이효석의 '낙엽을 태우면서'를 생각한다. '낙엽이 타는 냄새에서는 갓 볶아낸 커피 냄새가 나고, 잘 익은 깨금(개암) 냄새가 난다'고 했다. 그리고 '연기는 몸에 배서 어느 결 엔지 옷자락과 손등에도 냄새가 나고, 그 냄새를 한없이 사랑한다'고 했다. 또 '다 타버린 낙엽의 재는 죽어버린 꿈의 시체'라고 표현했던 것 같다.

그렇게 낙엽 타는 연기에 취해, 아니 추억에 취해있는데 초인종이 울린다. 빗자루를 든 채로 대문을 여니 동사무소 직원들이 들이닥친다. 화재 신고를 받고 왔단다. 아마 누군가가 지나가다가 연기가 피어오르는 걸 보고 신고한 모양이다. '낙엽을 태우고 있었노라'고 이야기를 하니 '조심하라'며 주의를 주고 간다. 그들이 돌아간 후 불타고 있는 낙엽에 물을 뿌려 불을 껐다. 추억에 취해있던 나는 아쉽게도 그 속에서 깨어났다.

타다만 꿈의 시체처럼 내 추억도 불타다 말았다.

이젠 낙엽도 함부로 태울 수 없으니 낙엽 타는 냄새가 더 그리워질지도 모르겠다.

눈雪에 대한 단상斷想

지난밤엔 이런저런 생각을 하다 보니 늦게 잠이 들었다.
그래서인가 기억도 나지 않는 꿈속에 헤매느라 늦잠을 잤다.
현관문을 나서니 세상은 온통 하얀 설국으로 변해있다. 햇살을 받은 눈(雪)의 반짝임에 눈(目)이 부시다. 땅 위의 모든 것들이 천상의 이불을 덮고 있어서인지 날씨가 포근하게 느껴진다. 콧속으로 스며드는 공기도 상쾌하다. '김광균'시인의 '설야'에서 한밤에 눈이 오는 소리를 '머~언 곳에서 여인의 옷 벗는 소리'라고 표현했는데, 나는 간밤에 여인의 옷 벗는 소리는커녕 아내의 옷 벗는 소리조차도 듣지 못했다. 눈이 세상의 모든 소리를 껴안고 내려서 인가보다. 정원의 키 작은 소나무와 회양목들도 간밤에 잠을 설쳤는지 머리 위에 하얀 고깔을 쓰고서 졸고 있다. 밤새 내린 눈들이 들려주던 천상의 이야기를 듣느라 고단했던가 보다. 그래도 어디선가 바라 소리가 들리면 금방이라도 일어나 승무를 출 것만 같다.

누구를 절절하게 사랑해 본 일도 없고, 사랑했던 연인과 가슴 아픈 이별을 해본 적도 없는, 소심하고 멋대가리 없는 삶을 살아온 나지만, 어디에선가, 혹은 누구에게선가 반가운 소식이 올 것만 같은 기대를 하게 되는 그런 날이다.

첫사랑? 아니면 아직도 그리워하며 가슴에서 떠나보내지 못한 그녀? 그도 저도 아니면 어릴 적 추억이 불현듯 생각나서 전화했다는 죽마고우? 그러나 이미 잊힌 사람이 되어버렸는지 전화는 꿈쩍도 하지 않고 눈만 껌뻑거린다. 마치 너 따위를 누가 그리워하겠느냐고 비아냥거리는 것만 같다. 속마음과는 다르게 이젠 나이 든 어른이랍시고 펑펑 쏟아져 내리는 함박눈을 바라봐도, 도둑눈이 내려온 세상이 눈 속에 파묻혀도, 그저 무덤덤한 척하고 있는 지금의 내 모습이 어쩐지 서글퍼진다. 오늘같이 눈 오는 날이면 특별히 기다리는 사람도 없고, 올 사람도 없지만, 설레는 마음이 남아 있기를 바라는 마음은, 아직도 이루지 못한 인연을 기다리며 살아갈 이유를 찾고 싶은 마음이다.

정원을 지나 대문을 열고 주차장으로 나선다. 한참 동안 눈을 치우고 있는데 이웃집 젊은 아낙이 인사도 없이 주차해 놓은 자기 차로 걸음을 옮긴다. 앞 유리에 쌓인 눈만 대충 털어내고는 내 앞으로 쌩하니 지나가 버린다. '수고하신다고 인사라도 하면 어디가 덧나느냐'고 소리라도 지르고 싶은 마음이 굴뚝같았지만 그만두었다. 한두 번 겪는 일도 아닌데 오늘따라 유난히도 심사가 뒤틀린다. 그런 내 마음을 아는지 모르는지 유유히 주차장을 빠져나간다. 얄미운 하얀 암 여우처럼 꽁무니에 뿌연 수증기 꼬리를 달고 달아나는 흰색 외제 SUV 차량을 멍하게 쳐다본다. 잔뜩 약 올리고 도망치던 어릴 적 친구를 바라볼 때처럼 부아가 끓어오른다. 이십 년이 넘게 이 마을에 살고 있지만 무슨 성씨인지, 이름이 어떻게 되는지도 모른다. 그저 얼굴만 알고 있을 뿐이다. 그래서 우리 가족들 사이에선 '싸가지'란 별칭으로 통한다. 우리 집 주차장이 조금은 여유가 있는 편이라 여러 이웃이 함께 이용한다. 겉으로는 무덤덤한 척하고 있지만, 눈에 대한 추억으로 들떠있던 기분이 '싸가지'때문에 영 엉망이 되어버렸다. 모처럼 느껴보는 감정을 훼방 놓은 그 아낙이 원망스럽다. 그러려니 하면 그만인 것을 내가 너무 예민한 것은 아닐까? 하는 생각도 해보았다. 하지만 내가 먼저 아는 체도 해보았었다. 소용이 없었다. 처음에는 '농인'인가 의심도 했다. 그런데 어느 날 밤 주차장에 차를 세우고 자기 남편과 싸우는 소리를 듣게 되었다. 나를 대할 때는 굳게 닫혀있던 입에서는 기가 막히게 말도 잘했고, 거친 욕을 차지게 거침없이 토해내고 있었다.

오후가 되어 산책하려고 강둑길에 올랐다. 내 안의 가득한 추억을 되새기며 행복감에 젖어 그리움을 안고 한발 한발 걸음을 옮긴다. 벌써 많은 사람이 걷고 있고, 많은 발자국이 눈을 밟고 지나갔다. 밟혀서 일그러진 모습이 가엽다. 맨 처음 이 눈길을 걸어간 사람은 누구일까?

아무도 밟지 않은, 바람에 가랑잎이 굴러간 발자국조차도 없는 순백의 하얀 길. 그 길 어디쯤에는 그리운 사람이 나를 기다리고 있을 것 같아 마음이 설렌다. 발자국마다 뽀드득거리는 소리는 못 잊어 그리워하던 이의 속삭임처럼 들린다. 걷고 있는 길 위로 눈부시게 밝은 햇살이 내린다. 강변 모래밭은 천상의 선녀들이 새하얀 이불 홑청을 빨아 널어놓은 것 같다. 출렁이며 흐르고 있는 강물은 빨래할 때 풀어놓은 천상의 표백제 때문인가, 아니면 이불에 묻어온 별빛 때문인지 반짝이는 빛이 유난히도 눈이 부시다. 유유히 헤엄치고 있는 오리들은 물 위에 떠 있는 별빛을 건져 먹는다. 가끔은 강물 속에 가라앉은 별을 길어 올리려는 듯 물속으로 잠수한다. 아쉬운 마음에 아무도 밟지 않은 곳에 발자국을 내본다. 내 발자국 안에 햇볕이 눕는다. 누워있는 햇볕 옆으로 그림자도 따라 눕는다. 말을 걸어보려 했지만 고개를 외로 꼬고 외면한다.

둑길이 끝나 자동차 길로 접어들었다. 제설을 위해 뿌려놓은 염화칼슘 때문인가, 눈들의 시체가 검은 피를 흘리며 하수구로 흘러든다. 지나가는 차바퀴에 치인 눈들의 살점이 사방으로 튄다. 지상으로 내려와 사람들에게 기쁨을 주고, 수많은 추억과 사연을 선사하고 잠깐의 생을 마감하는 너. 너로 인해 많은 재산의 피해는 물론 인명피해까지 몰고 오고, 때로는 꿈쩍도 하지 않아 겨울 가뭄의 주범으로 원망의 대상이 되기도 하는 너. 네가 모든 길을 점령하고 있는 동안 교통을 마비시켜 일상을 흩트려놓기도 한다. 너 때문에 90년대 초 서울에서 강릉까지 열아홉 시간이나 길 위에서 나를 떨게 했던 너. 이처럼 어떤 때는 반갑고, 어떤 때는 귀찮고 불편한 대상인 너.

하지만 나는 너를 미워할 수만은 없다.

마음만은 아직도 이팔청춘이기에.

둥지

2월도 어느덧 하순으로 접어들었다.

제법 날씨가 포근해 거실에 앉아 커피를 마시며 무심하게 창밖을 바라보는 여유를 즐긴다. 차가운 바람과 미세먼지의 영향으로 며칠간 뿌옇던 하늘이 오늘은 제법 파란 얼굴을 내밀고 있다. 파란 하늘을 가로지르며 까치 한 마리가 우리 집 정남향, 변압기가 있는 전봇대를 향해 날아간다. 부리에는 삭정이를 물고 있다. 아마도 새끼를 낳을 둥지를 지으려는가 보다. 밖으로 나가 까치가 내려앉은 전봇대를 올려다보니 벌써 둥지가 꽤 나 많이 진척되어 있다. 토목공사는 마무리가 되었고 골조 공사가 한창이다. 전봇대 밑에는 폐자재인지, 실수로 떨어뜨린 자재인지는 모르지만, 잔가지들이 널려있다. 그중에는 꽤 굵은 녹 슬은 철사도 있다. 전봇대 변압기 사이에 지어진 까치집 때문에 정전 사고가 종종 발생한다는 보도를 접한 바도 있고, 얼마 전 정전으로 난처한 상황이 있었던 터라, 혹시 또 정전되면 어쩌나 하는 걱정이 되었다.

자연 속에 많은 자리들을 마다하고 왜 하필이면 차가운 시멘트 기둥 위에 둥지를 틀고 있는 것일까. 바로 옆 군부대 안에는 커다란 은행나무도 있고 잣나무도 있건만. 인간의 잣대로 까치의 의중을 헤아린다는 것이 어쩌면 어려운 일인지도 모른다.

예전에는 까치가 집 남쪽에 둥지를 틀면 그 집 주인이 과거에 급제하거나 벼슬길에 오른다는 믿음이 있었다고 한다. 하지만 지금의 나는 과거 응시는 물론 벼슬길에 오를 수 있는 깜냥도 되지 않을뿐더러, 노년에 접어들었다는 사실이다.

벼슬길에 오르지 못할 것이라는 사실 때문만이 아니라 순전히 정전의 염려 때문에 한전에 신고했다. 나의 이기심을 정의라는 이름을 빌려 불법건축물 신고하듯 철거를 요청했다. 며칠 후 한전 철거반이 도착해서 철거를 시작했다. 철거하는 중에도 까치들은 주위를 맴돌며 처절한 울부짖음으로 저항한다. 그 상황을 바라보고 있자니 TV 화면으로 보던 재개발 지역 철거민들의 울부짖던 모습이 뇌리를 스친다. 정의라는 핑계로 괜한 짓을 한 것 같아 까치들에게 미안했다. 그냥 모른 체 하면 그만인 것을~. 철거되기가 무섭게 까치들은 또다시 그 자리에 둥지를 틀고 있었다. 이번에는 모른 체 했다. 되레 둥지가 엉성하고 허름해 혹시라도 비바람이 들이칠까 하는 염려가 되었다. 그런데 둥지가 거의 다 마무리 되어갈 무렵 또다시 한전 철거반원이 들이닥쳤다. 이번에는 예전보다 더 격렬하게 저항한다. 철거반원의 머리 위로 스치듯 날아다니며 온몸을 내던져 울부짖는다. 이번엔 신고도 안 했건만 나를 원망이라도 하는 듯 우리 집 지붕 위까지 날아와 울어댄다. 까치는 사람들처럼 붉은 벽돌을 쌓아 올리고 높다란 담장으로 외부와 차단하지도 않는다. 세간살이를 장만도 필요 없다. 다만 삭정이와 풀잎, 한 줌의 흙과 새끼들을 감싸안아 줄 약간의 부드러운 털 뭉치만 있으면 족한 듯했다. 전봇대 아래에는 까치들이 흘린 눈물

같은 처참한 흔적들이 어지럽게 흩어져 있다.

그 후 까치들은 영영 돌아오지 않았다. 까치들에게 미안한 마음이 들었다.

까치는 주로 수컷이 집을 짓는다고 한다. 암컷도 가끔 도움을 주지만 일의 진척이 잘 되어가고 있는지 둘러볼 뿐이란다. 까치의 수컷이나 인간인 남자나 가장으로서의 책임감을 충실하게 이행하는 모습에 숙연해진다. 수포가 되고 만 남편 까치의 노력이 더욱더 안쓰럽게 느껴졌다.

한곳에 오래 머물지 못하고, 집을 소유와 욕망의 대상으로 삼아 떠도는 일부 인간들과는 달리, 많이 지어 세를 놓으려는 것도 아니고, 집을 팔아서 이득을 얻고자 함도 아니었을 텐데. 오직 알을 낳아 부화시켜 가족을 보호하고, 쉴 수 있는 소박한 집 한 채만을 원했을 뿐이었을 텐데~. 기쁜 소식을 전해주는 길조로 알려져 사랑받던 까치가 언제부터 저렇게 천덕꾸러기가 되었을까.

이런저런 생각을 하며 까치들의 모습을 바라보고 있자니, 그동안 거쳐 왔던 고향의 둥지가 그리워진다. 둥지는 살고 있는 사람들에겐 삶의 공간이고, 떠난 이들에겐 그리움의 대상인 곳이다. 그러나 내 유아기의 둥지는 물론 유년기와 청소년기의 둥지도 모두 사라져 버렸다. 형편이 넉넉하진 못했을지라도 세상에서 가장 따뜻하고 포근했던 둥지였다. 비록 땅에 납작 엎드린 것 같은 초가삼간이지만, 사대봉사를 하던 종갓집이었다. 아버지의 손때가 묻어있고 어머니의 고단함이 서려 있는 둥지였다. 제비 새끼처럼 입을 쩍쩍 벌리고 밥 달라 보채던 우리 형제들의 보금자리였다. 기둥을 받치고 있던 주춧돌, 가족들의 수많은 발자국을 기억하고 있을 댓돌, 정화수 떠 놓고 빌고 빌어 지금의 내가 있게 한 어머니의 기도처인 장독대, 집안의 세간살이들, 모든 것들이 흔적도 없이 사라져 버렸다. 내가 자란 둥지가 허물어질 때 기둥은, 서까래는, 지붕은, 벽은 울었을까? 집터는 내 발소리가 그리웠을까? 가난하고 고달픈 밤을 그을음 냄새를 풍겨가며 밝혀주던 등잔마저도 보이질 않는다. 선대의 유품이 박물관에 이름이 오를 정도로 고귀하고 값비싼 진품명품 반열에 들지는 못하는 물건들이다. 비록 누추하고 낡은 고물로 보일지도 모르지만, 거기에는 절박한 삶의 한복판에서 고단한 삶을 살아낸 내 부모님의 흔적들이 배어있다.

세월도 바람과 함께 떠나고 아련하게 아려오던 고향의 둥지. 그 터에는 새로운 사람들이 새 둥지를 틀고 살아가고 있다. 그 둥지 터에는 내 아버지와 어머니의 발자국이 세월 속에 파묻혀 화석이 되어 남아있지는 않을까?

가만히 눈을 감으면 고향 동네 어귀에 서 있던 미루나무 꼭대기에서 울던 까치 소리가 들릴 것만 같다.

오월의 숲길

 워낙 가만히 있지 못하고 무언가 꼼지락거려야만 하는 성격이라, 무료한 시간을 보내는 게 답답하다. 어느새 깊어지고 있는 봄을 맞이하기 위해 길을 나섰다. 양구로 가는 고개 길목 공터에 자동차를 주차해 놓고 가벼운 마음으로 숲속 길로 들어섰다. 얼마 가지 않아 수풀 속에 작은 들꽃이 눈에 띈다. 살며시 쪼그리고 앉았다. 바람을 만난 수풀의 서걱거리는 소리가 들린다. 그 소리에서는 지나간 세월, 먼 곳에서 전해지는 전설의 소리가 들린다. 수풀 속에서 몰래 피어난 보잘것없는 저 작은 들꽃도, 그 꽃을 피우기 위해 매 순간 최선을 다해 버텨냈으리라. 꽁꽁 언 땅을 가녀린 뿌리로 버티면서 가혹한 추위와 눈보라를 견뎌냈으리라. 손끝에 붉은 피가 맺히도록 흙을 움켜쥐고 기어이 참아 냈으리라.
 잔잔한 바람에 묻어온 새봄의 싱그러운 내음이 너무도 좋다. 그리 멀지 않은 곳에서 찔레 꽃 향기가 나를 유혹한다. 하굣길 허기를 달래주던 찔레 순. 찔레 순을 꺾다 손가락이 가시에 찔려 피가 흘러도 찔레 순과 꽃향기의 유혹을 뿌리치진 못했다. 숲으로 오르는 길에서는 가끔 거미줄이 얼굴을 떠밀고, 나뭇가지와 덩굴들이 발길을 붙잡으며 길을 막지만, 그마저도 기분이 좋다. 익숙하지 않은 길이라 점점 더 깊숙이 들어갈수록 가슴은 두근거리고 두려움은 등 뒤에서 몰래 나를 따라온다. 갑작스러운 나의 등장에 꿩이 날아오르고, 비둘기들이 놀라서 푸드덕 날개를 펼치고 날아간다. 이름 모를 산새가 날아와 후미진 나뭇가지에 앉는다. 저 새는 무슨 설움을 삭이고 있는 걸까. 설움을 달래는 그 만의 비밀 장소인가 보다. 호젓하고 인적이 드물어 자연이 훼손되지 않고 잘 보전되어 있어 헤치며 걷기가 쉽지 않다. 마치, 나 혼자만이 알고 있는 은밀한 장소를 찾은 듯한 느낌이다. 넓은 숲속을 나만 혼자서 독차지한 것 같은 설렘과 두려움에 가슴이 두근거린다. 홀로 숲길을 걷노라니 숲의 심장 소리가 들린다.

요즘 사람들은 도시의 소음에 익숙해 숲의 심장 소리 따위는 안중에도 없는 것 같다. 서로 마음을 닫고 자신의 소리와 아픔에만 몰두하느라 여념이 없다. 가만히 길섶에 앉으니 또 다른 숲의 숨소리가 들린다.

바람에 흔들리는 나뭇잎들의 속삭임, 꽃들이 망울을 터뜨리느라 지르는 산고의 진통, 개미들의 분주한 발소리, 실을 뽑는 거미들의 노동요 소리, 맨땅 위로 드러난 뿌리들의 울음소리, 생명을 키워내기 위해 수액을 빨아올리느라 애쓰는 소리. 이런저런 숲에 생명의 소리를 들으며 산짐승들이 닦아놓은 오솔길을 느릿한 발걸음으로 숨죽이며 걷는다. 천천히 걷기만 해도 숲의 푸르른 기운이 온몸으로 스며든다. 벌써 숲속은 푸르름이 짙어가는데 늦잠 잔 게으른 나뭇가지에선 이제야 새싹이 돋아난다. 마치 이제 막 부화한 어린 참새 부리 같다. 생명의 신비함과 소중함을 새삼 깨닫는다. 내가 봄을 이렇게 신기하고 따뜻하게 맞이해 본 것이 언제였던가. 산을, 하늘을, 나무를, 지저귀는 산새들의 모습을 마음속에 담는다. 이 모두를 담아내기에는 시간이 모자라고, 내 가슴이 너무 작고 초라해 아쉬움이 남는다.

저만치에 유난히도 큰 소나무 한 그루가 서 있다. 숲길을 헤치고 다가가 한숨 돌리고 소나무의 몸통에 기대어 앉았다. 그리고 불현듯 눈을 감고 소나무의 숨소리를 듣는다. 조용하지만 숨 가쁘고, 거친 숨소리에선 상처를 쓰다듬는 소리가 들린다. 툭 불거진 옹이와 지난겨울 눈의 무게를 이기지 못하고 부러진 상처가 그대로 드러나 있다. 갑옷처럼 몸통을 두르고 있는 두꺼운 각질, 그 많은 시간을 참고 견뎌내기 위해 얼마나 많은 고통을 참아 냈을까. 저렇게 크기까지 얼마나 많은 낮과 밤, 모진 추위와 천둥번개를 이겨 냈을까. 그러면서도 산새들에게 기꺼이 보금자리를 내주었을 것이다. 상처 난 뿌리는 맨땅 위로 드러나 있다. 그 모습이 소나무의 눈물 덩이인 것만 같아 차마 밟고 지나가기가 망설여진다. 아픔을 헤아릴 수 있음은 아픔을 견뎌내고 상처를 입어본 사람만이 알 수 있기에, 소나무의 거친 숨소리에 마음이 아리다.

한참을 앉았다가 소나무를 뒤로하고 왔던 길을 되돌아 걸었다. 산등성이에서 불어오는 바람이 등을 떠밀며 배웅한다. 소나무 가지에 걸터앉아있던 구름도, 덩달아서 엉덩이를 툭툭 털며 일어나더니 슬며시 나를 따라나선다. 길가에 잡초들이 피곤한 듯 비스듬히 누워있다. 아마 간밤에 바람이 누워 잠을 자고 간 잠자리인가 보다.

외로움 때문인가, 길가로 뻗은 나뭇가지들이 더 놀다가 가라는 듯 바짓가랑이를 잡아당긴다. 거미줄도 아쉬운 듯 얼굴을 가로막는다.

지혜의 여신 아테나에게 무모한 도전을 감행했던 그녀. 신들을 모욕한 죄로 결국 거미의 모습으로 변해 영원히 실을 짜는 형벌을 받게 됐다는 아라크네. 거미줄 끝에서 굳어버린 듯 웅크리고 먹이가 걸려들기를 마냥 기다리고 있다. 아라크네가 내 얼굴을 떠밀며 길을 가로막는 건 무슨 이유 때문일까?

어느새 해가 산마루 소나무 가지에 걸터앉아 오늘 자신이 한 일을 뒤돌아보고 있다. 산등성이로 넘어가고 있는 일몰의 여운이 어쩌면 저토록 아름다울 수가 있을까. 나의 내일도 저렇게 아름답게 저물 수 있길 바라본다.

산길을 걸어 내려오는 내 뒤꿈치로는 석양이 따라오고, 눈앞으로는 지친 듯 희미하고 기다란 내 그림자가 휘청거리며 저만치 앞장서 걷고 있다.

아직도 오월의 숲에서 스며든 숲의 색깔이 온몸에 흠뻑 배어 있다.

일편단심 민들레

　세월은 무엇이 그리 바쁜지 뒤도 한번 돌아보지 않고 빠르게 흘러간다.
　엊그제 만 해도 햇볕이 따가울 정도로 덥더니, 십일월의 중순에 접어들자 갑자기 바람이 싸늘해졌다. 요즘 날씨는 변덕이 얼마나 심한지 마치 심술 난 시어머니 마음처럼 좀체 헤아릴 수가 없다. 계절상으로는 아직 늦가을이지만 이젠 제법 아침저녁으로는 손발이 시릴 정도로 춥게 느껴진다. 어제는 서리까지 내렸다.
　그래도 한낮에는 제법 따뜻해서 강둑길을 걷기 위해 채비를 하고 현관을 나섰다. 대문을 나서 몇 걸음 걸었을 때, 집 앞 양지바른 전봇대 밑에 하얀 민들레꽃이 피어있는 모습이 눈에 들어온다.
　척박한 땅에서도 어디서나 끈질긴 생명력으로 버텨내는 민들레라지만, 지금의 계절은 늦가을이다. 봄에 피어나는 민들레꽃이 계절을 잊었는지 이제야 피었다. 늦잠을 잤는가, 아니면 어디 멀리 여행이라도 다녀왔는가, 그도 저도 아니면 치매라도 걸렸는가. 뒤늦게 차지한 자신의 초라한 영토에서 홀로 외롭게 피어난 민들레꽃이 반갑다기보다는 오히려 안쓰럽다는 생각이 들었다.
　남극의 빙산이 녹아내리고 사막에 장대비가 내려 홍수로 물난리가 난다. 오랜 세월을 두고 켜켜이 쌓아놓고 가두어놓았던 거대한 역사는 뜨거워진 바닷물 속에서 조각나버린다. 꿈틀거리며 몸부림친다. 오랜 시간 동안 차갑게 얼어있던 묵은 시간은 갑자기 어둠에서 풀려나 녹아내려 갈팡질팡 당황하고 있다. 그로 인해 낮고 작은 섬나라는 뜨거워진 바닷물 속으로 서서히 가라앉고 있다. 뜨거운 열사의 나라에서는 때아닌 눈이 내리는가 하면, 생전 겪어 보지 못한 홍수에 멍한 표정으로 그저 바라만 보고 있다.

이런 현상은 먼 나라의 이야기만이 아니다. 때아닌 폭염과 폭우, 겨울이 짧아지고 따뜻해졌다는 보도가 이어지고 있다. 봄여름 가을 겨울, 사계절의 시간은 사라져 버리고 정신 줄을 놓은 지구의 시간은, 사계절이라는 단어를 잊은 듯하다. 이제는 여름과 겨울만이 남아버린 것 같다. 예로부터 우리 조상님들의 경험을 바탕으로 만들어진 이십사절기는, 이제 구시대의 유산으로 전락해 전설로만 남아있지는 않을까 걱정스럽다.

이렇게 우리가 살고 있는 파란 별 지구는 인간의 끝 모를 탐욕 때문에 몸살을 앓고 있다. 그 때문인가 민들레마저도 겨울잠조차 들지 못한 채 서성거리고 있다. 겨울잠을 자지 못하고 서성거리는 것은 어디 민들레뿐이던가. 철쭉과 개나리가 그렇고, 벚꽃과 매화도 그렇다.

다만 그 때문일까?

어찌 된 까닭인지는 모르겠지만 우리가 살고 있는 파란 별 지구의 몸살 때문에 발생한 불시개화(不時開花)라고 하기에는 민들레의 전설이 마음에 걸린다.

할아버지가 혼수로 장만해 준 노란 저고리에 초록 치마는 입어

보지도 못한 채, 공출을 거부하며 자결한 소녀 '민들레'. 소복 차림으로 목을 길게 빼고 두리번거리는 이유는 무엇 때문인가. 영혼이나마 소복 차림으로라도 그녀와 언약했던 청년을 찾는 건 아닐까? 그러면서 계절을 잊은 것이 아니라 지금이 봄이라 우기고 싶었는지도 모른다. 찬 바람이 부는 계절에 잠 못 들고 기웃거리는 모습이 가엾다는 생각이 드는 건 왜일까. 철모르고 피어난 하얀 민들레꽃은 어쩌면 계절을 잊은 것이 아닐지도 모른다. 계절을 뛰어넘은 절절한 그리움과 애끓는 마음으로 피어난 것은 아닐까?

하얀 민들레꽃이 발목을 잡는 걸 억지로 뿌리치고 매정하게 발길을 옮기며 나도 모르게 조용필의 '일편단심 민들레'를 흥얼거리며 걷는다.

팔십 일 년도, 칠십 대 할머니의 자전적 이야기가 경향신문에 실렸단다.

한국전쟁 당시 남북된 남편을 그리워하며 썼다는 이야기.

'납북되어 소식을 모른 채 삼십 년 성상! 밟히고 밟혀도 고개를 쳐드는 민들레같이 살아온 세월. 몇 번씩이나 지치고 힘에 부쳐 쓰러질 듯하면서도 그때마다 남편을 생각하며 이겨냈다'고. '아무리 끈질긴 민들레라 해도 일편단심 붉은 정열이 없었다면, 어린 자식들을 못 키웠을 것이고, 지아비에 대한 깊은 그리움의 정이 없었다면 붓대를 들 용기를 내지 못했을 것'이라는 사연이었단다.

이를 본 가수 조용필이 그 내용을 토대로 작사 작곡했다는 노래.

'일편단심 민들레!'

일편단심 민들레를 흥얼거리며 걸으면서도, 계절을 잊은 채 전봇대 밑 양지바른 곳에 핀 하얀 민들레가 머릿속에서 떠나지 않는다.

할아버지가 장만해 주었다는 혼례복인 노란 저고리는 어디에다 벗어 던지고, 소복 차림으로 처절하게 피어 두리번거리고 있는 모습이 자꾸만 눈앞에 아른거린다.

한밤의 산책

절기상 삼복이 지나고 엊그제 처서가 지났건만 기온은 좀처럼 수그러들 줄을 모른다. 김장을 위해서 텃밭에 씨 뿌려 놓은 무는 간신히 싹을 틔웠고, 배추 모종도 심어 놓았다. 하지만 따갑다 못해 펄펄 끓는 태양의 열기를 견디지 못하고 연약한 싹들이 목이 말라 죽어가고 있다. 안타까운 마음에 땀을 뻘뻘 흘려가며 물을 퍼 나르지만 그때뿐이다. 물을 퍼 나르며 땡볕에서 담배 농사일을 하시다 일사병으로 쓰러지셨던 어머니를 생각한다. 철없던 나는 어쩔 줄 모르고 허둥대다가 약국으로 자전거를 타고 달려갔던 기억이 새롭다. 그 시절 어머니의 고생을 생각하며 작은 텃밭에 물을 퍼 나르며 '힘들다' 엄살을 부리는 내 모습이 가소롭다. 햇볕에 커튼을 쳐주던 구름도, 비를 품고 있는 구름도 더위에 지쳤는가, 저만 혼자 어느 그늘에서 쉬고 있는지 꿈쩍도 하지 않는다. 게을러터지고 이기적인 구름 때문에 농작물의 아우성에 속이 타들어 간다.

연일 계속되는 기후변화에 지구가 몸살을 앓고 있다. 어쩌면 올해가 가장 시원한 여름이 될지도 모른다는 보도에 벌써 가슴이 답답하고 숨이 막힌다. 지독하게 욕심 많고 이기적인 지구인들에게 본때를 주려는 모양이다. 해가 지고 저녁이 되었지만, 에어컨 없이 선풍이 만으로는 더위를 식히기에는 역부족이다. 시계의 초침은 지치지도 않는지 밤 열 시를 향해서 뒤도 돌아보지 않고 뜀박질하며 어둠 속 깊은 곳으로 달려간다. 나는 천천히 어둠 속으로 길을 나선다. 좀 시원하려나 싶어 반바지 차림으로 강물이 흐르는 둑방길로 발걸음을 딛는다.

보름이 지나서인지 하늘에 떠 있는 달은 햇살에 녹아내린 눈사람 머리처럼 반쪽이 되어있고, 별들은 서로의 눈짓으로 무언가 이야기를 하는 것만 같다. 길가에 띄엄띄엄 서 있는 가로등은 밤이 깊어서인가 졸고 있다. 졸린 눈을 껌뻑이면서도 제 할 일을 잊지 않고 길을 밝혀주고 있어 걷기가 한결 수월하다. 늦은 시간이라 그런지 인적이 없는 산책길은 고요하다. 한밤의 고요함은 내가 가끔 누릴 수 있는 사치 중의 하나다. 다만 바위에 걸려 휘청거리며 자갈길을 걸어가는 강물의 발걸음 소리와 풀 벌레들의 합창 소리만이 고요한 적막을 깨운다. 풀벌레들은 이슬만 먹고 살아서인가 목소리마저 맑고 청량하다. 홀로 걷는 한밤의 산책길은 운치가 있어 좋다. 그러나 가끔 산기슭에서 부스럭거리는 소리가 움찔움찔 나를 놀라게 한다. 수풀 속에서 갑자기 튀어나온 고라니에게 놀래고, 잠자던 오리들이 푸드덕거리며 달아나는 소리에도 놀랜다. 그들이 나를 놀라게 한 것이 아니라 내가 그들을 놀라게 한 것 같아 미안하다. 그들의 쉼을 방해하려는 의도는 아니었는데, 결과적으로 그렇게 되어버렸다. 놀란 마음 때문인가 뒤에서 누군가 몰래 나를 따라오는 것만 같아 자꾸 뒤를 돌아보게 된다. 고등학생 시절 작은아버지의 부고를 듣고 한밤중에 달려가던 길. 높은 산으로 겹겹이 둘러싸인 깊은 산골. 험하고 먼 산길을 걸으며 느꼈던 두려움을 떠올리게 한다. 길가 으슥한 곳에 숨은 듯 터 잡고 있던 상엿집과, 산모퉁이를 지키고 있던 성황당이 나를 더 두렵게 했었다. 참으로 오랜만에 느껴보는 서늘한 기분이다. 더위를 피하려고 나왔으니 이만하면 피서로는 제격이라는 생각을 하며 걷는다.

한결 시원해진 바람이 길가에 늘어선 벚나무의 젖가슴을 헤치며 지나가려는가 싶더니 잠잠하다. 강물의 시원한 기운을 실어 날라 내 이마에 맺힌 땀방울을 식혀주면 좋으련만, 하루 종일 세상 소식을 실어 나르느라 고단한지 나무의 젖가슴에서 나올 줄을 모른다.

내 옆구리를 끼고 흘러가는 강물은 오를 수 없는 먼 산을, 하늘을 그저 물끄러미 바라보며 아쉬운 마음을 속으로만 삭이며 흐른다. 오를 수 없는 절망감에 아쉬워하는 저 마음을 어찌하면 좋을까. 그저 아래로, 아래로 흘러야만 하는 숙명, 이룰 수 없는 꿈, 자유롭지 못한 저 육신을 어찌하면 좋을까. 그냥 오르지 못하는 곳이라 체념하면 그만인 것을. 왜 저다지도 위만 쳐다보며 흐르고 있는가. 바위에 부딪혀 무릎이 깨지고, 자갈길을 걷느라 발톱이 빠지는 줄도 모르면서 걷고 있는가. 그러면서도 후미진 웅덩이에 잠시 머물 때면 그토록 오르지 못해 아쉬워했던 하늘을, 달을, 별을, 나무를, 산을 품 안에 보듬어 안고 잠깐의 휴식을 취한다. 잠시 머무는 동안 무슨 꿈을 꾸고 있는 걸까. 물은 모든 생명의 근원이면서도 아직도 못다 이룬 꿈이 있는 걸까? 그들이 가고자 하는 길 끝에는 무엇이 있을까. 그들의 꿈은 바다에 이르는 것일지도 모르겠다.

그 속을 누구라서 알까!

걷는 동안 숲이 내뿜는 날숨에선 싱그러운 숲의 향내가 나고, 쉼 없이 흐르는 강물에선 비릿한 땀 냄새가 난다. 길가에 늘어선 나무들의 젖가슴에서 잠든 바람은 아직도 일어날 기척이 없다. 잠든 바람을 깨울 방법을 알지 못해 그저 등줄기로 흐르는 땀에 흠뻑 젖어 밤길을 걷는다.

걷는 동안 이런저런 생각의 끝에는 내 가족들에 대한 근심과 걱정이 내 뒤꿈치를 따라온다. 걱정한다고 해결될 일들은 아니지만, 인간의 자연스러운 현상쯤으로 여기기에는 마음이 쓰인다.

잘될 거라고, 잘할 거라 믿어보지만 치열하게 세상을 헤쳐 나가는 모습을 생각하면 마음이 짠하다.

어느새 중천에 떠 있는 달이 걱정하지 말라며 어서 집으로 들어가라 손짓한다.

겨울나무

　입춘이 지났음에도 겨울은 아직 봄에 자리를 내주기 싫은가보다. 그렇게 한동안 떠나가기 못내 아쉬워하던 추위도 이젠 한풀 꺾였다. 겨우내 오르지 못했던 삼악산을 가기 위해 자동차에 앉았다. 웬만한 거리는 운동 삼아 걸어 다녔다. 그런 때문인지 나의 애마는 자기를 멀리한다고 삐쳤나 보다. 단번에 시동이 걸리지 않는다. 한겨울 칼날 같던 바람이 한결 부드러워졌다. 의암댐 방향 삼악산 입구 주차장에 주차하고 산을 오른다. 산장 찻집까지 올랐음에도 숨은 턱 밑까지 차오르고 속옷으론 땀이 스민다. 조금 더 올라 상원사에서 약수로 목을 축이고 바위에 걸터앉아 숨을 고른다. 불경 소리도, 목탁 소리도 들리지 않는다. 다만 처마 끝에 매달린 풍경소리만이 고요한 산사의 적막을 깨운다. 불교 신자는 아니지만, 닫혀있는 대웅전을 향해 삼배(拜)를 올리고 다시 산을 오른다.

　봄가을로 일 년에 몇 번은 오르는 산이다. 악산(惡山)이라는 이름값을 하느라 그러는지, 오를 때마다 호락호락 쉽게 길을 내 주지 않는다. 정상으로 향하는 길을 조금 벗어나 샛길로 빠져 높게 솟은 바위 언덕으로 발길을 돌렸다.

　음지에는 아직 눈이 채 녹지 않았다. 마치 게으른 머슴이 하얀 솜이불을 덮고 늦잠에서 깨어나지 않은 모습 같다. 멀리 춘천 시내가 한눈에 들어온다. 높게만 느껴졌던 건물과 아파트 단지들이 한 손가락으로도 가려질 정도로 작게만 보인다. 가까이에는 케이블카가 공중에 대롱대롱 매달려 곡예를 한다. 동화 속 나무꾼이 선녀를 찾아가기 위해 타고 올랐다는 두레박이 저런 모습이었을까?

벼랑 끝에는 몸통이 꽤 굵은 나무가 바위틈새를 비집고 위태롭게 서 있다. 수종은 잘 모르겠지만 몸통에 비해 가지들은 빈약하다. 생명 유지에 필요한 물 한 방울 스밀 것 같지 않은 바위틈에 뿌리를 박고 있는 모습이 안쓰럽다.

나무가 비집고 들어서 있는 저 바위는 처음부터 저렇게 쪼개졌을까? 오래전 작은 틈 사이로 열매가 떨어져 싹을 틔우고 뿌리를 내렸으리라. 그 싹이 자라면서 조금씩 조금씩 바위를 쪼갰으리라. 오랜 세월, 나무는 살기 위해 바위를 쪼개느라 생살이 찢기는 아픔을 참아내며 고통을 감수했으리라. 쓰러지지 않기 위해 쪼개진 바위틈을 붙잡고 이슬과 빗물로 목을 축였으리라. 생명을 지켜내기 위해 얼마나 많은 수고와 고통을 참아냈을까. 어린 뿌리는 부족한 생명수를 찾기 위해 손가락에 피가 맺히도록 얼마나 깊은 곳까지 파고들었을까.

엄동설한의 찬 바람에도, 화살촉처럼 쏟아지는 소낙비에도 두려워하지 않고 그저 묵묵히 받아들였을 것이다. 왜 나만 척박한 땅에 뿌리를 내렸느냐 불평하지도 않는다. 태풍으로 가지가 꺾이는 아픔에도 슬퍼하지 않는다. 다만 상처를 치유하기 위해 소리 없이 눈물만 흘렸을 것이다. 흘린 눈물은 상처를 감싼 반창고처럼 굳어있다. 아마 오랜 세월을 살아오면서 세상을 살아내는 방법과,

세상을 읽는 법을 익혔으리라. 찢기고 꺾인 상처는 옹이로 남았다. 그건 아마 지나간 시간의 흔적이며 아픈 기억을 봉인해 놓은 장소일지도 모른다. 나무의 저 의연한 표정은 내 짧은 지혜와 지식으로는 도통 가 닿을 수 없는 영역일지도 모른다. 선연한 옹이 자국을 어루만지며 추억뿐인 생명을 지탱하고 있다.

바람이 분다.

떨어진 낙엽은 땅에 엎드려 울고 있고, 앙상한 가지는 이별의 자책으로 서럽게 운다. 출산한 아낙처럼 몸통은 수척하고 가지는 떨고 있다.

그러면서도 악착같이 바위틈을 움켜잡고 삶의 끈을 놓지 않으려는 저 위대한 생명력이 신비롭기만 하다.

자신이 처한 열악한 상황을 타개하고자 숱한 어려움을 감수한 저 나무의 영혼은 어떤 색깔일까. 밤새 혹독한 추위와 악몽에 시달리고도, 바람의 놀이터와 산새들의 쉼터를 제공하는 푸근함이 존경스럽다. 척박하고 아슬아슬한 낭떠러지 앞에 서 있으면서도 주눅 들지 않는 당당한 모습이 부럽다.

어찌 보면 자연의 생명들과 우리네의 삶은 크게 다르지 않은 것 같다.

산다는 것은, 제 삶을 견디는 일인지도 모른다.

환경에 적응하려면 제 몸이 부서지는 아픔을 받아들여야만 하고, 때로는 자신이 할 수 없을 것만 같은 일도 해내야만 한다. 자기만의 고집과 자기만의 뜻대로 살아지지도, 살 수도 없음을 우리도 알고, 저 나무도 안다.

나무는 삶의 전부를 잎과 열매를 키워내기 위해 모든 것을 바친다. 마치 삶의 모든 순간을 오로지 자식을 위해 헌신하다, 빈 껍데기만 남은 우리네 부모님의 모습을 닮았다. 자식들은 모두 떠나고 홀로 쓸쓸히 살아가는 노구(老軀)의 모습을 보는 것 같아 가슴이 아리다.

　벼랑 끝 홀로선 겨울나무에선 눈물 같은 쓸쓸함이 뚝뚝 떨어진다.

　발길을 돌려 올랐던 길을 되돌아 내려온다. 돌 틈 사이로, 흩어진 낙엽 사이로 툭툭 불거진 나무의 뿌리들이 애처롭다. 예전에 미처 느끼지 못했던 감정 때문에 하산하는 발걸음이 조심스럽다.

　아무리 힘들고 고단하더라도 끝내 봄은 온다는 믿음으로 봄을 기다리는 저 겨울나무처럼, 나도 생명이 꿈틀거리는 봄이 기다려진다.

며느리 밥풀 꽃

팔월! 날씨가 얼마나 찌는지 가만히 앉아 있어도 등줄기로 땀이 흐른다.

선풍기를 틀었지만 더운 바람을 얼굴에 쏟아붓는다. 마치 온풍기를 틀어놓은 것만 같다. 이러다가는 열사병이라도 걸릴 것 같다. 바닷가는 아니더라도 시원한 계곡이 간절하다. 문득 예전에 몇 번 갔었던 '춘천 숲체원'이 떠올라 아내를 옆에 앉히고 그곳으로 차를 몰았다. 계곡 입구에 들어서니 물소리가 시원하게 들린다. 마침, 어제까지 비가 내려 계곡물이 제법 많이 불었다. 나뭇잎들이 내뿜는 날숨에선 싱그러운 향기가 난다. 냄새에서도 초록의 색깔이 보이는 것만 같다. 숲체원을 가기 전 작은 공터에 주차하고 계곡으로 내려갔다. 넓적한 바위에 걸터앉아 시원하게 흐르는 계곡물에 발을 담근다. 가슴 속까지 시원하다. '그래 이곳이 천국이지' 흐뭇한 미소를 지으며 정신 나간 사람처럼 혼자서 중얼거렸다. 아내도 좋은지 계곡물에 발을 담그고 어린아이처럼 첨벙거린다. 시간이 좀 지나니 발이 시리다.

주변을 둘러보는데 개울 건너 그늘진 숲 가장자리에 붉은 꽃이 눈에 들어온다. 궁금해서 가까이 다가가 자세히 살펴보니 여러 송이가 가지 끝에 매달려있다. 누군가 그랬던 것처럼 자세히 보니 더 예쁘다. 꽃 모양이 짧은 통 모양으로 생겼다. 꽃부리 끝은 입술처럼 두 갈래로 갈라져 있다. 아랫입술 가운데에는 마치 밥알처럼 생긴 흰색 무늬 두 개가 나란히 얹혀있다.

며느리 밥풀 꽃이다!

가난한 집 며느리가 저녁밥을 지으면서 밥이 익었는지 맛보기 위해 밥알 두 개를 입에 넣었단다. 이를 본 시어머니가 버릇없이 먼저 먹었다는 오해했단다. 그 일로 심한 구박과 구타 때문에 죽었다는 불쌍한 며느리. 산기슭에 묻힌 무덤가에서 며느리의 넋이 꽃으로 피어났다는 애달픈 꽃. 쪼그리고 앉아 가만히 들여다보니 정말 밥풀 두 개가 입술에 붙어 있는 것처럼 보였다.

왜, 옛 시절 시어머니들은 같은 여자면서도 며느리를 그렇게 구박했을까. 서로를 보호하고 아껴주며, 가장 가까워야 할 사이임에도 불구하고 미워했을까. 며느리 밥풀 꽃의 꽃말이 '질투'라고 한단다. 과연 아들을 며느리에게 빼앗겼다는 서운함에서 오는 질투 때문이었을까?

작은 솥에 밥을 짓게 해, 며느리가 먹을 밥이 없도록 심술을 부린 시어머니. 그 때문에 굶어 죽은 며느리의 넋이 새가 되어, 저녁 때만 되면 '솥 적다' 울어댄다는 소쩍새!

며느리가 미운 나머지, 볼일 본 후 뒤처리를 가시가 빼곡한 풀잎으로 닦게 했다는 풀, '며느리 밑씻개!' 우리나라 고유의 '사광아재비'라는 이름이 버젓이 있음에도 불구하고, 일본의 '의붓자식 밑씻개'라는 이름을 흉내 내서 붙여진 불편한 그 이름 며느리밑씻개!

'귀먹어 삼 년, 눈멀어 삼 년, 입 닫고 삼 년, 그렇게 석삼년을 살고 나니 메꽃 같던 얼굴은 호박꽃이 되었다'는 민요.

이런 사연들을 들을 때마다 가여운 며느리들의 삶을 엿보는 것 같아 가슴이 짠해진다. 심술 가득한 시어머니에게 구박받으면서도, 참고 살아온 며느리들의 애잔한 삶이 떠오른다. 권리는 없고 의무만 짊어지고 살았던 우리들의 어머니 세대. 남존여비(男尊女卑)의 낡은 유교 사상이 지배하던 시절, 순종과 희생이라는 허울 좋은 말 때문에 숨죽이며 살았던 세대. 그 말이 폭력이었음을 그때는 왜 알지 못했을까.

오랜만에 처가에 온 사위가 고생하는 게 안타까워, 장모가 무거운 짐을 지지 못하도록 쉽게 끊어지는 식물로 지게의 멜빵을 만들어 주었다는 덩굴식물인 사위질빵! 사위가 오면 씨암탉을 잡아 대접해 주던 장모의 사위 사랑. 그건 사위가 좋아서가 아니라, 당신의 딸을 사랑해 주라는 일종의 뇌물은 아니었을까? 그렇게 뇌물까지 받아먹고도 구박받는 아내를 나 몰라라 한 사위의 죄는 어떻게 물어야 할까.

그런 시집살이를 하면서도, 말 한마디 하지 못하고 순종했던 우리 어머니들 세대. 정작 시어머니의 위치에 섰을 때, 제대로 된 대접 한번 받지 못하고 며느리 눈치만 보며, 순종과 희생이란 굴레는 끝내 벗지 못한 채로 떠나가셨다.

여권이 신장 되고 핵가족화된 지금, 젊은 현대인들은 실감조차 할 수 없는, 말도 안 되는 시집살이를 해야만 했던 시대에 생겨난 이름. 세상에 태어나지 말았어야만 할 비열하고 야만적인, 불편한 그 이름, '며느리 밥풀 꽃!' '며느리 밑씻개!' '소쩍새!'

나에게도 며느리가 둘이나 있다. 소중하고, 곱고 여리며, 마냥 좋기만 한 내 며느리들은 그 불편한 이름도, 생김새도 언제까지나 몰랐으면 좋겠다.

다만, 나는 '며느리 사랑은 시아버지'라는데, 사랑한다는 표현도, 고맙다는 말도 제대로 하지 못하는 멋대가리 없는 시아버지라 미안한 마음도 숨기고 산다.

그렇게 아내와 함께 시원한 계곡에서 더위를 식히고, 다시 푹푹 찌는 집으로 돌아왔다. 거실에 앉자마자 선풍기 스위치를 꽂는다. 창밖을 바라본다. 계곡에서 보았던 며느리 밥풀 꽃이 아른거린다.

멀리 떨어져 살고 있는 우리 며느리들이 보고 싶다.

'잘들 지내고 있겠지?'

허세와 거드름이 몸에 밴 고액의 예금주보다는,
허리춤에서 꼬깃꼬깃 구겨진 지폐를 꺼내 예금통장을 내미는 할머니께 눈이 더 갔다.
꽃을 보아도 크고 화려한 꽃보다는 수풀 속에 몰래 핀 꽃이 더 마음이 간다.

제6부

가슴을 아리게 하는 모습들

고요 속의 외침

 얼마 전 한 방송사 예능프로에서 '고요 속의 외침'이라는 오락 프로를 방송하고 있었다. 헤드폰으로 귀를 막고 음악을 크게 틀어 상대의 목소리를 전혀 들을 수 없도록 하고, 상대가 말한 단어를 맞추는 게임이다. 아무리 큰 목소리로 또박또박 발음해도, 헤드폰을 끼고 있는 사람은 전혀 엉뚱한 대답을 해서 사람들의 배꼽을 잡게 만든다. 시청자들을 즐겁게 하려는 의도였으리라. 사람들에게 웃음을 주기 위함이었다 하더라도, 그 같은 게임을 떠올린 사람은 과연 어떤 사람일까. 장애가 있는 친구를 놀려먹는 철없는 아이와 무엇이 다른가. 그런 생각을 하는 나도 오래전에 방영된 '고요 속의 외침'이라는 예능프로를 보면서 아무 생각 없이 손뼉을 쳐대며 낄낄거리고 웃었던 기억이 되살아난다. 그때는 왜 그걸 아무렇지도 않게 생각했는지를 되짚어 본다. 누군가는 아픔을 느끼며 불편해하고 있는 줄도 모르고 TV를 보면서 웃어댔다. 그건 아마도 잃어보지 않은 자의 특권의식은 아니었을까?
 이천년대 초반 광주의 모 청각장애 특수학교에서 벌어진 성폭력 사건으로 떠들썩했던 일이 있었다. 청각장애 학생을 상대로 몹쓸 짓을 한 선생. 신문 기사와 방송을 통한 보도 내용에 경악을 금치 못했었다. 이 사건을 바탕으로 한 소설과 영화가 만들어지기도 했었다. 공지영의 '도가니'는 읽어 보았으나, 차마 영화는 볼 자신이 없었다. 그들의 아픔을 상상으로도 하고 싶지 않았다. 다만 가슴이 답답하고 먹먹했었다. 하지만 그때뿐이었다. 다른 이의 커다란 아픔보다는, 내 손톱 밑 작은 가시가 더 아픈 법이라는 비겁하고도 이기적 의식 때문이 아니었을까 싶다.

하지만 달리 생각하게 된 계기가 있다. 오래전 수어 통역사 기초과정을 수료한 후부터다. 내가 만약 수어를 배우지 않았고, 농인들의 사정을 엿보지 않았더라면, 아마 얼마 전 방송을 보면서도 예전과 똑같이 손뼉을 치며 낄낄거렸을 것이다.

비록 지금은 시간이 지나 지난날 배운 수어의 대부분을 잊었지만, 그 후부터 그런 행동은 하지 않는다. 그것이 그들에 대한 최소한의 예의가 아닐까? 하는 생각이 들었기 때문이다.

전국에 열다섯 개의 청각장애 특수학교가 있다고 한다. 그런데 수어 통역사 자격증을 소지한 교사는 6.1%에 불과하단다. 우리는 모두가 행복할 권리가 있다. 어떠한 차등과 차별도, 어떤 이유로든 정당화될 수는 없는데도 말이다. 수어 통역을 제공받을 권리는 농인의 기본권이기도 하다. 그나마 다행스러운 것은, 요즘 주요 뉴스를 보면, TV 화면에 수어 통역사의 모습을 볼 수 있다는 것이다.

1997년에 처음 시행된 농인의 날이 6월 3일이라고 한다. 이날은 조선 농아협회가 설립된 1946년 6월의 6이란 숫자와, 귀 모양을 형상화한 3을 결합한 날이라고 한다. 손동작과 표정으로 말하는 농인들의 언어인 '수어.' 절도 있는 손동작으로 작은 공간에서 이루어지는 간결한 언어다. 정상적인 언어로 인정받기까지 많은 어려움을 겪었을 그들에게 조금이라도 관심과 애정을 갖고 싶다.

갑자기 소리가 사라지고 침묵이 지배하는 세상이 된다면, 결국 사람은 당황스럽고 불안한 고립감을 느끼게 될 것이다. 외로움과 공허함, 실존적 두려움을 불러일으킬 것이다. 사회적 상호작용은 또한 급격한 변화를 겪게 될 것이다. 언어를 의사소통 수단으로 사용할 수 있는 능력이 없다면, 의미와 감정을 전달하기 위해 비언어적 몸짓과 표정에 더 의존할 수밖에 없을 것이다.

능엄경에는 '눈은 팔백 가지의 공덕을 갖고 있지만, 귀는 일천이백 가지의 공덕을 지니고 있다'고 기록되어 있단다. 등 뒤에서 들리는 소리를 귀는 제자리에서도 들을 수 있지만, 눈은 뒤를 돌아보아야 볼 수 있다.

나는 사랑하는 사람들의 발소리와 목소리를 들을 수 있다. 특히 내가 가장 사랑하는 손녀와 손자가 '할아버지!'라며 나를 부르는 소리는 등 뒤에서도 들린다. 하지만 깜찍하고 귀여운 모습을 보려면 뒤를 돌아야 볼 수가 있다. 나를 부르며 달려오는 손주들이 가슴에 안길 때면 행복의 끝을 맛본다.

내가 좋아하는 빗소리, 낙엽 밟는 소리, 눈 밟는 소리를 들을 수 있다. 이는 얼마나 행복하고 감사한 일인가. 우리 인간은 오랜 기간 청각에 의지해 살아왔다. 특히나 현대에 들어서 정보의 양이 많아지고 복잡해질수록 청각은 중요한 요소다. 고대인들은 사냥터에서 한눈을 팔거나 졸다가 맹수의 소리를 듣지 못하면 돌아오지 못했을 것이다.

내가 수어를 접하지 않았다면 농인의 날이 언제인지, 농인들의 어려움이 어떤 것인지 알지 못했을 것이다. 아니 알려고도 하지 않았을지도 모른다.

나는 요즘 TV 공익광고를 보면서 따라 해보는 수어가 있다.

"나 너 좋아해, 우리 사귈래?"

청인의 음성언어를 시각언어인 수어로 동시에 통역할 수 있는 기계가 개발되었으면 좋겠다는 생각도 해본다. 음성언어에서 시각언어로 확장되는 순간을 기대하며 오늘도 모든 일에 감사한 마음으로 하루를 보낸다.

또 다른 언어

오랜 직장 생활을 마감하고 남아도는 시간을 룰루랄라 즐기고 있었다. 그런데 시간이 지날수록 뭔가 허전하고 아까운 시간을 헛되이 허비하고 있다는 느낌이 들었다. 나에게 주어진 시간이 얼마나 남아있는지는 모르지만, 무엇인가 새로움에 도전해 보면 어떨까? 하는 생각을 했다.

내 젊음의 열정은 어디로 갔을까. 이젠 퇴직 후 나태함에 익숙해져서 새로운 것이 부담스럽다. 아니 두려운 것인지도 모르겠다. 겨우 지금의 상태를 유지하려고만 하고 있다. 그래도 내 가슴 속에 숨어있을지 모르는 작은 불씨라도 찾아내고 싶었다.

하지만 막상 무엇을 할 것인가 곰곰이 생각을 해보아도 마땅하게 떠오르는 것이 없다. 내가 무엇을 좋아하는지, 무엇을 잘하는지도 잘 모르겠다. 하고 싶은 일들이야 왜 없었겠는가. 가족들이 마음에 걸린다는 핑계와 환경을 탓하며 차마 행동으로 옮기지 못했었다. 하지만 때를 놓쳤다고 변명하기에는 내가 너무 게으르고 나태하게 살았는지도 모른다. 세월과 환경에 기회를 빼앗겨 버렸다고 핑계를 대기도 부끄럽다. 늘 쫓들리는 생활에 뒤로 미루기만 했던 것들, 좋아하지만, 삶이 버거워서 곁눈질 한번 할 겨를도 없이 앞만 보며 살아왔다. 그렇게 나중으로 미뤄놓고 뒷주머니에 구겨 넣었던 것들은 이제 낡고 삭아 버려 무얼 적어놓았는지도 모르겠다. 그렇게 허송세월 보내고 있었다. 그러던 중 강원도 농아인협회 춘천시지회에서 주관하는 수화 통역사 기초과정 수강생 모집 안내광고를 접했다.

예전 은행에 근무할 때 창구에 농인(농아)분이 예금통장을 개설하기 위해 오신 적이 있었다. 그런데 나를 비롯한 다른 직원들도 수어를 할 줄 아는 사람이 없었다. 객장에 계신 고객들께 도움을 요청해 보았지만 모두 손사래를 치신다. 마치 낯선 외국인을 대하는듯해서 난감했었다. 어렵사리 필담(筆談)으로 통장을 개설해 드렸으나, 은행 문을 나서는 그분의 뒷모습을 바라보면서 미안하다는 마음이 들었다.

그들은 외국인이 아니다. 다 같은 대한민국 국민임에도 소외되고 있다는 느낌이 들었다. 단지 듣지 못하고 말하지 못한다는 이유 하나만으로 우리가 그들을 외면하거나 멀리했는지도 모른다. 외면했다기보다는 단지 관심이 없었다는 표현이 맞을 듯싶다. 그 무관심이 그들에게 상처가 되지는 않았을까? 우리들(청인) 입장에서는 수어에 언어라는 자격을 부여하기보다는, 단순한 손짓과 몸짓에 불과한 그들만의 의사소통 방법쯤으로 여기며, 그저 신기한 듯 바라보지는 않았을까?

반성하는 마음으로 곧바로 수강 신청을 했다.

삼 개월간 매주 화요일과 목요일 오전, 구십 분간 강의를 눈으로 보고 손으로 익혔다. 귀로 듣는 언어가 아닌 눈으로 보고 손으로 말하는, 눈에 보이는 언어인 수어를 배웠다.

그들이 가졌던 일상생활 속에서의 불편함을 스스로 느껴보고 이해해 보고 싶다는 나름의 거창한 욕심을 갖고 시작한 일이었다. 내 딴에는 그들과 소통 할 수만 있다면, 그들에게 조금이라도 도움이 되어주고 싶었다. 하지만 날이 가면 갈수록 그 거창한 꿈은 바람 빠진 풍선처럼 쭈글쭈글해져만 갔다. 처음 시작할 때의 호기는 어디로 가고, 날이 갈수록 점점 더 자신이 없어진다. 속절없이 흘러간 세월을 탓하며 기억력이 떨어졌다는 핑계를 대며 합리화하려 하지만, 원래 뇌의 용량이 부족한 것이 아닌가 하는 의심도 해본다. 방금 동작을 보며 따라 했으면서도 돌아서기가 무섭게 잊어버리고 만다. 예전 직장에서 승진시험을 치를 때는 전국에서 일 등으로 합격했던 나다. 그런데 까마귀 고기를 먹은 것도 아닌데 왜 이리 까먹는지 답답할 노릇이다. 강의 중간중간에 그날 배운 내용을 표현해 보라는 요구에 난처하기 짝이 없다. 마치 뭐 마려운 강아지처럼 안절부절못한다. 조금 전에 배운 내용이다. 게다가 내 손이, 내 몸이 따라 한 동작임에도 불구하고 헷갈린다. 내 머리의 기억장치 어디쯤 바이러스가 침투해서인지, 아니면 해킹을 당해서인지 모든 시스템이 마비된 것처럼 엉망진창이다. 구멍 뚫린 항아리에 담긴 물처럼 기억은 줄줄 빠져나간다.

"이름이 어떻게 되세요?"

"몇 살이세요?"

"고향이 어디세요?"

"오늘 날씨는 어때요?"

대충 눈치껏 얼버무려 발표하고 나면 선생님께서 잘못된 부분을 다시 찬찬히 지도해 주신다. 그리고 수어는 손동작뿐만 아니라 얼굴로 표정을 짓지 않으면 무슨 말인지 알 수 없는 단순한 손짓에 불과하단다. 그러면서 표정은 의미 전달의 반 이상을 차지한다는 설명도 덧붙여 주신다. 이십 여명의 수강생 대부분이 삼십 대에서 오십 대 중반의 여성들이다. 육십 대를 훌쩍 넘긴 노년의 남자가 감당해야 하는 창피함과 쑥스러움은 오롯이 내 몫이다.

'검은 머리 파뿌리 될 때까지 사랑하겠다'는 다짐을 지키느라 어느새 하얗게 변해버린 머리카락으로, 맨 뒷자리를 차지하고 앉은 지극히 어색한 청일점(?). 그렇게 식은땀 뻘뻘 흘려가며 삼 개월간 수어(手語)를 배웠다.

아직도 그들과의 소통은 어렵다. 아니 불가능하다. 그러나 이제는 소통이 안 되더라도 따뜻한 미소로 그들을 대할 수 있을 것 같다.

그것만으로도 이번 교육을 통해서 얻은 커다란 수확은 아닐까?

돌봄의 굴레

얼마 전 태기산 자락에 자리 잡은 펜션에서 옛 직장 동료들을 만났었다.

그중 한 친구가 동생의 간병 때문에 부득이 참석하지 못하겠다는 연락을 받았다. 가족 중 동생을 돌볼 사람이 자신밖에 없다는 것이다. 그래서 이번 모임에 꼭 참석하고 싶어 요양보호사에게 부탁했지만, 갑자기 사정이 생겼단다. 그 친구와는 근 사십여 년 만이라 만나기를 고대했으나 나도 그도, 그리고 다른 이들도 많은 아쉬움이 남았다. 며칠 전에도 예전에 직장 생활 중 거래처로 만나 각별하게 지내던 친구의 소식이 궁금해, 점심이나 한 끼 하고 싶어 오랜만에 전화했다. 그런데 그 친구의 부인이 갑자기 뇌졸중으로 쓰러져 거동할 수가 없단다. 그래서 벌써 몇 달째 꼼짝없이 간병에 매달리고 있다고 했다. 외출은 물론 취미생활은 꿈도 꿀 수 없고, 남들 다 하는 외식이나 여행 같은 것은 아예 포기했다며 사는 게 말이 아니라며 하소연한다.

가족의 간병! 누구에게 미룰 수도, 맡길 수도 없는, 어쩔 수 없는 상황에 안타까운 마음이 든다. 주변에서 흔하게 겪고 있는 돌봄으로 인해 '독박 육아'와 '독박 간병'이라는 말이 유행어처럼 되어버렸다. 심지어 간병 살인까지 벌어지고 있는 현실이다. 가족이라는 족쇄와 굴레에서 벗어나려 해도 벗어날 수 없는 현실 앞에서, 신체적으로나 정서적으로도 극한상황으로 내몰리고 있는 이들이 점점 더 늘어가고 있다. 나와 가까운 가족 중에도 육아와 간병 때문에 힘겨운 삶을 살고 있는 이들이 있어 안타까울 뿐이다. 자신의 미래를 저당 잡혀, 하고 싶은 일, 해야만 하는 일들조차도 포기한 채, 모든 시간을 돌봄이라는 굴레에 묶여있다. 헉헉대며 힘겹게 하루하루를 버텨내고 있는 모습을 바라볼 때면 안타까운 마음에 가슴속이 아리다.

누군가를 위해서 희생을 감수해야만 한다는 것, 그 희생의 끝이 언제가 될지 정해져 있지 않다는 사실은 얼마나 잔인한 일인가. 그 잔인함 속에서 하루하루를 견디는 사람들의 얼굴에 스민 슬픔과 고단함, 절망감은 누가 알 것인가.

미국의 40대 대통령이었던 레이건이 알츠하이머병으로 기억을 잃고 투병 중, 가끔 정신이 돌아올 때면, 부인인 낸시 여사에게 '내가 살아있어서 당신이 불행해지는 것이 가장 고통스럽다'고 했단다. 그 고통을 알아주는 남편의 말에 낸시 여사는 어떤 마음이 들었을까? 미안해하는 마음에 조금은 위로가 되었을까?

돌봄을 해야만 하는 사람들은, 때로는 돌보고 있는 상대가 안쓰러워 마음속으로 눈물이 핑 돌고 코끝이 찡해질 것이다. 하지만 사람이기에 문득문득 화가 나고 마음속으로 짜증이 날 때도 있으리라. 가끔은, 아니 수시로 화가 나고 짜증스러운 마음이 들 때마다 진심이 아닐 거라고 자신을 다독였으리라. 꼼짝없이 돌봄에만 매달려야만 하는 그들의 반복되는 일상의 상처가 회복 불능의 상태가 되어버리지나 않을까 걱정스럽다. 시간이 흐를수록 돌보는 사람들의 몸과 마음도 멍들고 지쳐가며, 덩달아 병들어 가고 있는지도 모른다. 힘들다는 말조차 하지 못한 채 점점 더 지쳐가고 있는 자신을 바라보며 삶의 의미조차 잃어버리지나 않았을까 우려스럽다.

돌봄을 순전히 가족이라는 명분 때문에 당연하다고 생각할 수도 있겠지만, 어느 순간은 흔들리기도 하리라. 가족이기 때문에 참고 견뎌야만 한다는 마음이 얼마나 무너지고 찢기는 일인지 당해보지 않은 사람들은 정녕 알 수 없으리라. 누군가를 자신의 삶을 완전히 희생하며 온전하게 돌본다는 것은, 사랑이라는 이름만으로, 가족이라는 명분만으로, 사람으로서 도리만으로는 감당할 수 있는 일이 아닐지도 모른다.

돌봄은 가장 원초적이면서도 가장 낮은 곳에서 해야만 하는 일이기에 누구에게 미룰 수도, 멈출 수도 없는 일이다. 더구나 많은 일들이 기계화되고 자동화되고 있는 시대를 살고 있는 지금도 기계에 의지할 수도 없다. 누구도 책임져 주지 않으면서 도덕의 잣대를 들이대며 가족에게만 떠맡겨진 돌봄. 가족이라는 굴레 때문에 가족 중 누군가의 희생과 착취로 채워져서는 안 되지 않을까? 돌봄을 가족의 숭고한 희생이라고 일방적으로 강요할 권리는 누구에게도 없지 않을까? 자신의 삶을 포기하고 인생을 간병이라는 사슬에 묶인 채 누군가가 죽어야 끝나는 돌봄이라면 너무 잔인하지 않은가. 결국은 가족이라는 굴레 속에서 현실을 인정하고 받아들일 수밖에 없다는 사실에 무릎을 꿇을 수밖에 없었으리라. 자신의 삶을 살아가기 위해 가족의 죽음을 기다려야 하는 자신을 바라보며, 힘겹고 고단한 간병을 하면서도 그 속에서 죄의식과 죄책감이라는 응어리가 마음속에 쌓여 있지는 않을까? '단 하루만이라도 마음 편하게 나만을 위한 삶을 살고 싶다.'하소연하던 친구의 목소리가 오래도록 뇌리에 남아 내 마음을 무겁게 한다.

'나는 좋은 딸로서 역할은 연기(演技)했지만, 거기에는 내 진심이 담겨있지 않았고, 대신 내 양심이 담겨있었다. 양심이란 어쩌면 사랑이나 애정보다도 나를 불경해지지 않도록 견디게 한 힘이 었는지도 모른다.'는 어느 어머니를 간병하고 있다는 딸의 말이 떠오른다.

돌봄마저도 돈으로 사고파는 상품이 되어버린 현실.

어쩔 수 없는 사정 때문에 고려장 하듯 요양시설에 가족의 돌봄을 위탁한 사람들. 그들은 스스로 불효라 낙인찍고 가슴 졸이고 주변의 눈치를 살피며 살아가고 있는지도 모른다. 이젠 돌봄, 요양이라는 단어는 우리가 죽음에 이르기까지 마주 대해야 하는 것들이다. 요즘은 죽음에 이르는 과정이 점점 더 비즈니스가 되어가고 있다. 살아가기도 힘들지만, 죽기도 그리 쉽지 않다. 잘 죽기는 더구나 어렵다.

만약 나에게도 이런 일이 생기면 어쩌지!?

언젠가 나 자신이 누군가의 돌봄에 의존할 수밖에 없는 상황이 온다면?

혼자서는 아무것도 못 해서 쓸모없고 무능력하여 일방적인 돌봄의 대상 외에는 아무것도 아닌 존재가 되는 날이 온다면!

그런 생각이 들자, 알 수 없는 두려움이 목을 조르는 것 같아 가슴이 답답하다.

송구영신 送舊迎新

　벌써 올 한 해도 한 장남은 달력이 맨 끝 글자에 도착해서 뒤를 돌아보고 있다.
　무엇을 보내고 무엇을 맞이할 것인가.
　직장에 다닐 때는 매 연말이면 송년회로 정신없이 보냈던 기억이 새롭다. 각종 모임에서, 직장에서, 거래처와의 약속 등으로 저녁 시간을 가족들과 함께 보내는 일은 언감생심이었다. 그와 더불어 크리스마스카드와 연하장이 서랍 속에 수북이 쌓일 정도로 많았다. 그러나 이제는 핸드폰 문자나 이메일로 안부를 전한다. 소망하는 일이 이루어지기를, 더불어 건강 기원도. 심지어 사랑까지도 실시간으로 마음이 전달되는 시대를 살아가고 있다. 한자 한자 꾹꾹 정성을 다해 눌러쓰며 상대를 생각하는 마음을 담아내던 시대를 살아온 나도, 요즘은 문자로 마음을 전한다. 그마저도 이제는 뜸하다. 손가락 하나로 화면을 터치하고 컴퓨터 자판을 두드리는 시대에도 그 마음과 정성은 다르지는 않을 텐데, 어쩐 일인지 기계로 전달되는 마음이 가벼이 보여 아쉽고, 따뜻함이 느껴지지 않음은 무엇 때문일까.
　오늘 뜬 태양이나 내일에 뜰 태양이 다르진 않을 텐데, 아쉬운 마음과 긴장된 마음이 교차 되고, 또 다른 시간에 대한 설렘으로 새해를 맞이하고 있다. 보신각 종소리에 호들갑을 떨며 새해를 맞는다. TV 화면에서는 수평선 위로 떠오르는 붉은 태양을 바라보며 환호하며 기도하는 사람들의 모습이 경건하기까지 하다. 그들 속에 끼어있지 못한 나는, 태양신에게 눈도장을 찍지 못해 은혜의 대상에서 제외될 것 같은 기분이 들며 알 수 없는 찜찜함에 명치 끝이 아리다. 그들의 소원은 별반 다르지 않다. 무슨 소원을 빌었느냐는 질문에 가족이 건강했으면, 사업이 좀 더 번창했으면, 자식들이 좋은 대학에 입학하고 좋은 직장에 취직했으면, 자식들이 좋은 짝을 만나 결혼했으면 하는 소원이 대부분이다. 어제의 태양과 오늘의 태양이 다르지 않음을 모두가 알고 있다. 그럼에도 굳이 구획을 지어 떠들썩하게 특별한 의미를 부여한다. 그렇게 해서라도 지난해의 일들을 훌훌 털어버리고 새 희망을 맞이하고 싶은 간절한 소망이 담겨있지는 않을까?. 그렇게 해야만 행복한 인생 같고, 그렇게 하지 않으면 남들에게 뒤처질 것만 같은 불안감 때문에 억지로라도 그 대열에 합류하려 하는지도 모른다.

　구세군의 자선냄비가 송구영신의 때에 등장하는 것은, 적어도 이때만큼은 굶주리는 이가 없기를 바라는 마음에서가 아닐까? 몇 년 전 '인천 장발장'이라는 제목하에 각종 언론에서 크게 보도를 한 적이 있었다. 자식의 굶주림을 보다 못한 아버지가 아들을 데리고 상점에 들어가 우유 두 개와 사과 몇 알을 훔쳤단다. 이에 상점 주인도, 경찰관도, 주변을 지나던 행인들마저도 이들의 처벌보다는 도움의 손길을 내밀었다는 소식을 전했다. 이 소식을 접한 많은 이들이 후원을 이어가는 감동을 선사했다는 소식도 아울러 전해졌다.

　빵 한 덩이를 훔친 죄로 19년을 감옥에서 보낸 후, 또다시 절도를 저지른 '장발장'. 무조건적인 용서와 신뢰를 보내준 주교에 감화받아, 본인의 삶은 물론 주변 사람들을 변화시킨다는 '빅토르위고'의 '레미제라블'. 연말의 춥고 어려운 시기를 함께 넘고자 하는 우리 시대 장발장의 울림이 되살아나는 것만 같았다.

　아무리 미약하더라도 온정은 가치가 있고, 전염력 또한 지니고 있다고 한다. 그 전염력이 바이러스보다도 더 강력했으면 좋겠다.

　한 해를 보내면서 얼마나 알차게 보냈는지, 얼마나 치열하게 보냈는지 뒤돌아보게 된다. 퇴직하고 송년 모임이 한두 번 밖에는 없음에도, 가족과 단란한 시간을 보내지 못하고 있다. 그저 무덤덤하게 나이의 숫자만 늘리고 있다. 해가 바뀌면 무언가는 새로워야 하고, 무언가는 달라져야 할 것만 같은 기분이다. 그리하여 계획도 세우고, 목표도 설정해 보지만, 삼 일을 넘기지 못하는 내 나약한 의지가 한심할 따름이다. 새해를 맞이하며 지난해에 나는 무엇을 했을까. 어떻게 삼백예순날을 보냈을까. 분명 무엇인가를 하기는 했다. 늘 무엇인가를 해야 한다는 마음으로 나에게 주어진 하루하루를 소비했으며 움직였다. 그런데도 의미 있고 보람 있으며 버젓이 내 세울만한 무언가가 별로 생각나지 않는다. 이렇게 살아가도 되나 싶을 정도로 무의미한 삶을 살고 있다. 그러면서도 너무 빨리 지나가 버리는 시간에 대한 아쉬움과 야속한 마음이 드는 건 무엇 때문일까. 곳곳에 남겨놓은 미련 때문일까?

　시간은 성별과 노소를 차별하지 않고 똑같이 흐르고 있음을 알면서도, 나이가 드니까 별 게 다 야속하다. 한 살 더 먹을 때마다 들뜨던 시절을 상기하며, 수없는 날들을 지나왔기에 지금의 내가 될 수 있었음을 깨닫는다.

한 해를 보내면서 가족들에게, 나를 알고 있는 사람들에게 '고생했다.', '고마웠다.', '미안했다.'고 진심을 담아 전하고 싶다. 대놓고 말하기 쑥스러운 이에게는 따뜻한 손의 온기라도 전해야겠다.

지구가 태양 주위를 한 바퀴 도는 데 걸리는 시간이 365일이란다. 지구가 스스로 돌아 태양과 마주 보며 사랑을 나누고, 등을 돌려 토라지기를 반복하는 하루하루의 시간이 쌓인 1년.

그렇게 보낸 지난 시간, 특별하게 어디 한군데 아프지 않았고, 특별하게 좋은 일은 없었다. 그런데도 널 떠나보내는 내 마음이 못내 아쉬운 이유를 잘 모르겠다.

아쉽고 서운하기는 하지만, 그래도 고마웠다.

잘 가거라 이년(年)아!

연탄 배달 하던 날

1월의 날씨는 매서웠다.

그리 멀지 않은 거리라 대충 무장을 하고 자전거로 연탄 은행에 도착했다.

아침에 연탄 은행으로부터 연락이 와서이다. 이백 장의 연탄을 배달해야 하는데, 할 수 있겠느냐는 전화였다. 급히 배달해야 하는데 코로나19로 인해서 배달할 봉사자 구하기 어렵다는 말도 덧붙였다. 꽤 오래전 배달 봉사를 하고 싶다고 연락처를 남겨두고 온 적이 있었다. 그런데 연탄 은행으로부터 연락이 왔다. 잊지 않고 연락을 준 것도 고맙고, 누군가를 위해 일할 수 있다는 건 즐거운 일이기에 망설일 이유가 없었다.

배달해야 할 집은 언덕 위에 납작 엎드려있다. 허름하고 낡은 슬레이트 지붕은 당장이라도 내려앉을 것만 같다. 자동차는 물론 손수레조차 들어갈 수 없는 좁고 꼬불꼬불한 가파른 언덕길이다. 연탄 운반 수단은 지게 외에는 다른 방법이 없었다. 지게질이라면 가난한 농부의 아들로 태어난 탓에 이골이 났다고 자부하던 터라 자신이 있었다. 같이 봉사하시는 분은 수염도 깎지 않은 채 덥수룩한 모습에 털모자를 눌러쓰고 계시는 영감님이었다. 슬하에 자식도 없고 홀로 어렵게 사신다는 할머니 댁에 매년 연탄 배달을 하신단다. 그 할머니에게는 무슨 사연이 있는지 알지 못한다고 했다. 영감님의 지게에는 연탄이 스무 장이나 실렸다. 나도 호기롭게 스무 장을 얹어달라고 지게를 들이밀었다. 영감님은 알 수 없는 미소를 띠며 고개를 갸웃거리신다. 잠시 머뭇거리시더니 연탄 스무 장을 차곡차곡 올려주신다. 생각과 달리 무게가 만만치 않다. 오랫동안 멀리한 탓도 있겠지만, 지게는 업히기 싫다며 뻗대는 말썽꾸러기 아이처럼 내 등을 떠민다. 등을 밀어내고 앙탈을 부리며 발버둥을 치는 바람에 몸이 휘청거린다. 덩달아 다리마저 후들거린다. 영감님은 벌써 저만치에 앞서 걸어가신다.

숨은 턱까지 차오르며 허벅지는 뼈근해지고 장딴지는 터질 듯이 팽팽해진다. 영하의 날씨임에도 온몸은 땀으로 흥건하다. 속절없이 흘러버린 세월과, 과거의 경험만을 생각하고 우쭐거린 대가치고는 혹독하다. 그렇게 엄청난 과오를 범하며 스무 장의 연탄을 부엌에 쌓아놓고 내려왔다. 지친 모습으로 지게를 차 옆에 기대놓았다. 그리고 영감님께 '네 장만 줄여 주세요.'라는 말이 나도 모르게 기어 나왔다. 우쭐거리며 대들었던 자신이 민망하다. 영감님은 그럴 줄 알았다는 듯이 '쉽지 않지요?'라며 빙그레 웃으신다. 그러면서 '참 대단하십니다. 몸도 호리호리하고 약해 보이시는 분이 연탄 스무 장을 지고 이 언덕을 오르시다니요?'라며 여지없이 구겨진 내 마음을 쓰다듬어주고, 다리미로 다림질하듯 반듯하게 펴 주신다. 그러면서 넉 장을 줄여서 실었다며 '출발!'을 외치신다.

연탄을 지고 올라가 부엌에 쌓을 때마다 할머니는 미안해 어쩔 줄을 모르신다. 할머니는 무슨 죄인이라도 된 양 연신 두 손을 비비신다. 마지막 연탄을 부엌에 쌓아놓고 봉당에 주저앉아 땀을 닦았다. 할머니께서 건네주시는 요구르트가 꿀맛이다. 우리가 언덕길을 다 내려올 때까지 두 손을 흔드신다. 할머니를 향해 나도 손을 흔들어 주면서 왠지 모를 뭉클함에 가슴이 먹먹해진다. 비록 다리는 가파른 언덕을 오르내리느라 터질 듯 땡땡해지고 무겁지만, 마음은 구름 위를 걷는 것처럼 가볍다. 한나절의 수고로움이 큰 행복감으로 안개처럼 온몸에 스며든다. 오늘따라 아내가 차려온 밥상이 유독 꿀맛이다.

연탄 하면 어김없이 떠오르는 시가 있다. 안도현 시인의 '연탄 한 장'이다.

삶이란 나 아닌 그 누구에게 / 기꺼이 연탄 한 장이 되는 것 / 온몸으로 사랑하고 나면 / 한 덩이 재로/ 쓸쓸하게 남는 게 / 두려워 여태껏 / 나는 그 누구에게 / 연탄 한 장도 되지 못하였네.라고 했고. '너에게 묻는다'에서는, 연탄재 함부로 차지 마라 / 너는 누구에게 / 한 번이라도 / 뜨거운 사람이었느냐. 라고 썼다. 이 시를 처음 접했을 때, 아무 생각 없이 멍하게 앉아 있다가 죽비로 어깨를 호되게 한 대 얻어맞은 것 같은 느낌을 받았다. 얼굴은 후끈 달아오르고 어깨에선 통증이 느껴지는 듯했다. 그런데 나는 오늘 하루 연탄 배달 봉사를 하면서 무슨 대단한 일이라도 한 사람처럼 혼자서 뿌듯해했다. 좋은 일을 했다며 내 머리를 쓰다듬어주고 싶었다. 연탄 한 장값은 했다는 기특함에서다.

연신 허리를 굽히시며 고맙다 잡아주시던 거친 손의 감촉. 줄 게 요구르트밖에 없다며 미안해하시던 할머니! 외딴집에서 홀로 지내시는 할머니의 외로움의 무게가 얼마만큼인지 감히 가늠하기가 어렵다. 외로움과 삶의 무게만큼이나 혹독한 추운 겨울! 내 작은 수고로 조금은 따뜻하게 지내실 수 있도록 도와드렸다는 마음에 스스로 기특하다고 느꼈었다. 그런데 어쩐 일인지 미안하고 부끄럽다는 마음이 드는 건 무엇 때문일까.

연탄이 바닥나면 불안했던 신혼 시절이 떠오르고, 연탄가스에 중독된 아내 때문에 정신이 아득했던 기억이 스치고 지나간다.

오늘 하루만이라도 누구에겐가 뜨겁지는 않았더라도 따뜻한 사람이었을까? 그리고 연탄 한 장이 백 마디 위로의 말보다 더 따뜻하다는 사실을 새삼 깨달은 하루였다.

오늘 하루의 일로 가슴 뿌듯함을 느꼈던 나는 설악산을 누비는 지게꾼 임기종 씨를 생각하며 작아지고, 안도현 시인의 물음에 자신 있게 큰소리로 "예!"라고 대답할 자신이 없어진다.

나는 지금까지 살면서 누구에겐가 한 번이라도 뜨거운 사람이었던 적이 있었을까?

그렇게 뿌듯하면서도 부끄러운 오늘 하루가 저물어간다.

이별도 아름다울 수 있다면

 사람은 다른 생명체가 알지 못하는 한 가지 사실을 명확하게 알고 살아간다.
 그것은 인간은 언젠가는 죽는다는 사실을 의식하고 있다는 점이다. 하지만 젊었을 때는 자신에 죽음을 그다지 의식하지 않고 살아간다. 아니 의식하지 못하고 살아간다는 표현이 맞을 듯싶다. 살아갈 날이 아직 많이 남아있다는 의식 속에서 그저 남의 일이겠거니 생각한다. 마감 날짜가 정해져 있지 않은 일들은 으레 흐지부지 잊어버리는 것처럼. 우리의 삶 또한 마감 날짜가 이날이라고 정해져 있지 않기에 잊고 사는지도 모르겠다. 그렇더라도 분명 마감 날짜는 존재한다. 다만 마감 날짜를 모르고 살아갈 뿐이다. 만약 마감 날짜가 정해져 있고, 그 날짜를 알고 있다고 가정한다면, 우리는 어떤 모습으로, 어떤 행위를 하고, 어떤 생각을 하면서 살아갈까?
 요즘 들어 문득문득 내 인생의 마감 날짜가 언제가 될까 하는 궁금증이 들 때가 있다. 그렇다고 어디가 불편하거나 아파서가 아니라 수시로 들려오는 가까운 지인들의 부고(訃告)에 마음이 울적해질 때마다 드는 생각이다.

며칠 전 아내와 같이 병원에 갈 일이 있어 운전 중에 넌지시 '사전 연명치료 의향서'에 대한 의견을 다시 물어보았다. 대답은 예전처럼 변함없다. '당신 생각에 동의는 하지만 아직은 아닌 것 같다'고. 어쩌면 무리한 요구일지도 모른다. 언제 어떤 일이 발생할지는 아무도 모르지만, 굳이 그걸 지금 작성하고 싶은 생각은 없는듯하여 아내의 의사를 존중하기로 했다. 최근 들어 '사전 연명치료 의향서'를 등록하는 노년의 숫자가 점점 늘고 있다고 한다.

우리는 누구도 죽음을 피해 갈 수는 없다. 생명을 존중한다는 것은 단순히 생명력이 존재하고 숨을 쉬고 있다는 것이 아니라, 사람이 사람으로서의 모습으로 사람다울 때만 가능한 것이라는 생각이 든다. 병들거나 사고로 하루하루 상상할 수 없는 고통에 시달리고 참아내며, 초라하고 추한 몰골로 변해가는 자신 모습을 마주 대해야 하는 고통은 누구의 몫인가. 자신의 힘으로는 아무것도 할 수 없는 지경까지 이른다면 그 비참함을 견뎌야 하는 일 또한 누구의 몫인가.

의학의 발전은 인간의 수명을 연장했지만, 질병으로든 불의의 사고로든 중증의 위험까지는 극복하지 못했다. 그 결과 현대인들은 생의 마지막 몇 년 동안은 병상에서 지내거나, 불편과 고통 속에서 삶의 질이 극도로 낮아진 상태로 살아가는 경우를 꽤 많이 보게 된다. 살아있는 한, 치료하고 극복해야 할 다양한 질병들이 있다. 나이가 들어가면서 하나씩 늘어나는 질병과, 먹어야 할 약이 하나둘씩 더해진다. 의사들은 원래의 건강했던 모습으로 돌려놓지는 못하더라도 가능한 한 생명줄이 붙어있도록 애를 쓴다. 죽음을 의료의 패배로 인식하는 고약하고 오만한 의료 시스템은 무슨 수를 써서라도 환자를 살리려 든다. 그렇게 하는 것이 자신에게 부여된 의무를 다하는 것처럼 말이다. 그러나 그것이 과연 옳은 일인지 모르겠다. 살아있으면서도 사람답게, 사람처럼 살 수 없는 사람을 단 며칠, 아니 몇 시간 동안이라도 숨만 쉴 수 있도록 하는 것이 과연 옳은 일인가? 겨우 숨만 쉬고 있다고 해서 살아 있다고 할 수 있을까? 죽음이 목전에 다다른 환자에게 끊임없는 수술과 투약으로 고통을 보태는 행위는 의사들의 월권행위가 아닐까? 단순한 연명뿐인 삶, 수명과 고통이 함께 연장된다는 점을 잊고 있는 건 아닐까? 만일 나에게 그런 상황이 닥친다면, 이처럼 현대의학에 의존해 고통을 겪어가면서까지 오래 사는 것이 좋은 지, 혹은 인간의 존엄성이 무시되는 상황이 되면 차라리 생을 포기하는 것이 나은지 갈등하지 않을 수 없을 것 같다. 이러지도 저러지도 못하고 그저 목숨만 간신히 부지하고 있어야 하는 내 모습은 상상하기도 싫다. 그건 살아있다고 할 수 없다. 본인의 뜻대로, 의지대로 아무것도 할 수 없이 매 순간순간 죽음의 공포를 견뎌야 하는 고통을 느끼고 싶지는 않다.

어쩔 수 없는 상황이나 상태가 되면 환자 스스로 죽음을 선택할 권리는 없는 걸까? 그런 상태에서 환자의 고통은 외면되고, 보호자들의 고통과 희생을 강요하는 것이 옳기만 한 일일까? 환자 가족의 입장에 서보면 단 몇 초라도 숨 쉬는 모습을 조금이라도 더 바라보며 같이 있고 싶을 수도 있겠다 싶다. '연명치료 의향서'를 사전에 작성해 놓았다 하더라도, 막상 결정해야 하는 순간을 마주하게 되면 망설일 수밖에 없을지도 모른다. 가족을 옭아매는 효도와 사랑, 윤리와 책임이라는 이데올로기가 우리의 발목을 잡게 될 것이다. 가족의 입장에 서보면 충분히 이해가 가는 일이지만, 그것이 오히려 환자의 존엄을 무시한다는 생각은 해보지 않았는지 스스로에게 물어볼 필요가 있지 않을까? 단순한 연명과, 그로 인한 고통을 중지할 수 있는 것 중에서 어느 것을 선택할 것인가! 선택할 수 있는 권리가 있다면 환자 본인의 생각이 존중되어야 하지 않을까? 의사는 환자를 살려야 한다는 의무가 있다면 환자에게도 잘 죽을 권리가 인정되어야 하지 않을까? 임종의 단계에서 무의미하고 고통스러운 연명치료를 거부하는 것, 그것이 잘 죽을 권리의 시작은 아닐까? 누구나 무병장수와 고통 없는 죽음을 원하고 꿈꾸지만, 그게 어디 마음대로 되는 일이던가. 우리나라에서는 '연명의료 결정법'이 시행되고 있기는 하지만 거기에서 더 나아가지는 못하고 있다.

사람이 나고 늙고 죽는다는 것은, 낮과 밤, 어둠과 밝음, 떠오르는 태양과 지는 노을처럼 모두 자연의 순리다. 고단하든 즐겁든 이승의 삶이 좋은 것이라면 저승의 삶 또한 좋은 것이 아닐까?

우리는 살아가면서 많은 이별을 한다. 이별이 아름다울 수는 없겠지만 그래도 우리가 살아가면서 하는 많은 이별이 슬프지만은 않았으면 좋겠다.

오늘 저녁 하늘을 물들이는 노을이 황홀하다.

아름답게 지는 노을처럼 우리의 이별도 아름다울 수는 없는 걸까?

나는 위로의 말을 하지 않기로 했다

며칠 전 예전에 같이 근무했던 직원이 부친상을 당했다는 부고를 받았다.

상가에 가면 의례적으로 하는 위로의 인사가 있다. '얼마나 애통하십니까?' 또는 '삼가 고인의 명복을 빕니다' 하는 따위의 형식적이고 정형화된 인사말들을 나는 하지 않는다. 그냥 말없이 상주를 안아주거나 손을 잡아주며 눈인사로 대신한다.

조문을 마치고 식탁에 앉아 음료수를 마시고 있는데, 조금 떨어져 있는 자리에서 내 또래 사람들의 대화 소리가 들린다. '아흔을 넘게까지 사셨으니 그만하면 호상(好喪)이지 뭐.' 옆에 앉은 사람이 맞장구를 친다. '맞아'

세상에 호상이란 없다. 아무리 천수를 누리다가 세상을 떠났어도, 가족들은 가슴 아플 수밖에 없는 일이기 때문이다. 그런 몇 마디의 말로 상대의 마음이 위로 되고 상처가 치유될 수 있다고 생각하지 않는다.

그렇게 하게 된 계기가 있었다. 오래전 보육원 아이를 후원할 때 '후원자와 만남의 날' 행사가 있었다. 공식적인 행사가 끝나고 후원자와의 대화시간이 따로 주어졌다. 따뜻한 햇살을 받으며 후원하고 있는 중3 여학생과 파란 잔디밭에 나란히 앉았다. 서먹하고 어색해하는 학생과 이런저런 이야기를 했다. 보육원 생활에 관한 이야기며 학교생활, 앞으로의 꿈에 관해서도 이야기했다.

이야기가 마무리되어 갈 즈음, 그 학생은 뜻밖의 말을 했다. '저는 이런 날이 싫어요, 후원자님께서 나오신다고 하니까 어쩔 수 없이 나오긴 했지만요. 사실은 후원자님이 안 오시기를 바랐어요. 그러면 저도 안 와도 되니까요. 그렇다고 후원자님이 싫어서는 절대 아니니까 오해하지 않으셨으면 좋겠어요.' 그러면서 그 이유를 설명했다.

어느 정도 철이 든 후부터는 보육원을 찾아오는 사람들이 싫었다고 했다. 특별한 날, 특히 설날이나 추석, 어린이날, 성탄절 같은 날은 더욱더 싫다고 했다. 동정 어린 눈빛으로 바라보는 것도 싫었고, 말뿐인 연민은 차라리 무관심보다 마음이 더 상했단다. 그들은 마치 크나큰 시혜를 베푸는 사람들처럼 우리들을 사진을 찍기 위한 장식품이나 소품처럼 대하는 게 싫더란다. 아무 생각 없이 내뱉는 말의 숫자만큼 상처만 늘어나더란다. 그 학생의 말을 들으면서 가슴이 아려옴을 느꼈다. 끝맺음으로 해주고 싶어서 미리 준비했던 말, '지금은 조금 어렵더라도 꿈과 희망을 잃지 않았으면 좋겠다'는 말. 또한 미리 준비했던 약간의 용돈이 들어있는 봉투마저도 내밀지도 못하고 슬그머니 주머니 속으로 다시 넣을 수밖에 없었다. 지금까지 내가 했던 어설픈 충고나 조언 따위로 그 학생의 마음을 훔치려 했던 건 아닌지 다시 한번 되돌아 생각해 보게 되었다.

무한한 사랑을 먹고 자라도 모자랄 아이들이 온전한 사랑을 받지도, 받아보지도 못하고 살아가고 있는 모습이 가슴 시리게 안쓰러웠다. 얼마나 많은 사랑이 필요로 하는지도 모르고, 누군지도 알 수 없는 부모들의 무책임한 행동에 상처 입은 아이들. 이 땅의 많은 아이들이 존중과 사랑이 어떤 것인지도 모른 채 마음이 시들어가고 있는데, 언제까지 가슴속에 알 수 없는 응어리를 안고 살아가야만 하는가.

도대체 운명이란 것은, 누가 어떻게 정해주는 것일까. 이 세상에 태어난 것은, 자신이 선택한 것도 아니고, 다만 우연이라는 운명이 선택한 것일까? 어쩔 수 없는 운명 때문에, 성공과 실패, 부유와 가난, 행복과 불행이 갈린다면 이것은 과연 공정한 게임일까?

이 세상에는 힘겹게 살아가는 사람들이 많다.

굶주린 이들 앞에서 얼마나 배가 고프냐고, 절망과 고통에 빠진 이들에게 얼마나 살기 힘드냐고, 병들고 다쳐 병원에 누워있는 이들에게 얼마나 아프냐고, 여러 이유로 장애를 안고 살아가는 이들에게, 그런 몸으로 살아가기가 얼마나 고통스럽고 힘드냐고, 세상의 편견과 차별, 멸시를 어떻게 견디느냐 묻는 말을 그들은 어떻게 받아들일까. 과연 그런 말들만으로 위로가 될까? 의미 없이 위로랍시고 아무 생각 없이 건네는 말들이 그들에겐 더 아픈 상처로 남을 수도 있다는 사실을 잊고 있는 건 아닐까? 잊고 있다기보다는 모르고 있다는 말이 맞을지도 모르겠다.

어설픈 위로 대신 살며시 등을 토닥여 주거나 곁을 지키며 같이 걸어주고, 눈물이 흐르면 같이 울어주고, 힘들어할 때 말없이 곁에서 어깨를 내어주는 것만으로도 위로가 되지 않을까?

상처란 불행한 시간을 겪으며 오랜 시간 간직해왔을 때 필연적으로 생기는 흔적이다. 아팠던 날들이 조금씩 과거라는 세월 속으로 숨어 들어갈 때까지 견뎌온 날들, 들추어 마주 대하기가 고통스러워 과거라는 시간 속에 봉인해 놓아도, 조석으로 불쑥불쑥 뛰쳐나올 수밖에 없다.

오래전, 내가 만났던 열여섯 살의 중학교 3학년이었던 그 학생은 지금 어떻게 지내고 있을까. 고통의 시간은 더디 가는 법인데, 그 더디 가는 시간을 어떻게 보내고 어떻게 견뎌냈을까. 당돌하고도 솔직했고, 생각이 깊은 학생이었으니 지금은 어엿한 중년으로 멋지게 살고 있으리라 믿고 싶다.

그 학생을 생각하면 지금도 얼굴이 화끈거린다.

그 자리에 갔던 것은, 나도 누군가에게 도움을 주고 있다는 것을 보여주기 위한 저급한 오만함은 아니었을까? 그로 인해 또 다른 마음에 생채기를 남긴 것은 아닐까?

다른 이의 괴로움이나 슬픔에 대해서 따뜻한 말이나 행동을 베풀어 감싸고 달래는 일인 위로는 언제나 조심스럽다. 그 후부터는 아픔을 겪고 있는 이들에게 함부로 위로와 격려, 충고와 조언 따위의 말은 하지 않기로 했다.

다만 등을 쓸어주거나 어깨를 다독여준다. 두 손을 맞잡고 따뜻한 눈길을 건넨다. 그렇게 그냥 말없이 곁에 있어 주는 것만으로도 위로가 되지 않을까? 하는 생각에서다.

누군가를 위로한다는 일은 참으로 어려운 일인 것 같다.

헤어지기 싫어서

봄처럼 온화하고 따뜻했던 당신이, 한겨울보다 더 차가운 표정으로 울고 있는 나를 버리고 아무렇지 않은 것처럼 돌아섰어. 돌아서는 모습을 바라보며 마음속으로 수백 번이고 돌아서지 말아달라고 당신을 붙잡았지만, 팔다리가 꺾여 움직일 수가 없어. 매일 나와 함께 외출하고, 사람들을 만나고, 같이 밥을 먹고, 술을 마시며 그렇게나 다정했던 당신이 왜 갑자기 싸늘하게 변해버렸는지 가슴이 아파.

당신이 나를 만나 즐겁고 기쁘기만 하진 않았겠지만, 남모르게 아파했던 많은 시간도 함께 했고, 남들이 알지 못하는 비밀스러운 일도 나는 모두 다 알고 있어.

당신의 모습이 내 시야에서 사라질 때까지, 아니 사라지고 나서도 제발 다시 돌아와 달라고 소리치고 싶었어. 가다가 생각해 보니 도저히 안 되겠다며 되돌아 와 주길 얼마나 바랐는지 몰라.

그러니 돌아와 줘!, 제발 돌아와 줘!

아무리 소리쳐 불러도 당신은 못 들은 채 돌아서 가버렸어.

돌아오지 않으면 내가 알고 있는 당신의 비밀을 모두 다 말해 버릴 거야! 라고 협박을 할까, 하는 생각도 했어. 당신의 체취도,

따뜻하던 당신의 체온도, 매일 거울 앞에 서서 나를 쓰다듬던 손길을 아직 기억하고 있는데.

　하지만 이제는 잊어야 한다고 마음먹었어. 당신과 함께한 지난 시간은 더없이 행복했어. 누구보다도 진심으로 행복했다고 말할 수 있어. 우리가 함께했던 지난 순간들이 주마등처럼 스쳐 지나가. 하지만 더 이상 당신에게 돌아와 달라고 구걸하지 않을게. 사랑했던 당신을 위해 이별의 아픔쯤이야 견뎌내야 한다는 마음으로 당신을 두고 돌아설 거야. 그런데 다짐과는 달리 자꾸만 눈물이 나네~.

　이렇게 당신과 헤어지기 싫어서 울고 있는 내 맘을 알기나 해?

　처서는 땅에서는 귀뚜라미 등에 업혀 오고, 하늘에서는 뭉게구름을 타고 온다고 한다. 여름이 물러나고 가을에 접어드는 계절의 순행. 처서가 지나면 따가운 햇볕이 누그러져 풀들이 더 이상 자라지 않는다고 한다. 그래서 논두렁을 깎거나 조상들 산소에 벌초한다. 모기도 입이 비뚤어진다고 하고, 농사철 중 비교적 한가해 '어정칠월 건들팔월'이라도 했다. 하지만 올해는 유난스럽게 덥다. 어쩌면 올해가 가장 시원한 여름이 될지도 모른다는 예측에 벌써 가슴이 답답하다.

　모기 입이 비뚤어지기는커녕 점점 더 기승을 부리며 달려든다.

　이 더위에 결혼식은 왜 그리도 많은지 식장 쫓아다니기도 버겁다.

　결혼식에 가기 위해 옷장을 열었다. 양복과 와이셔츠는 많은데 이 더위에 입고 나서려니 엄두가 나지 않는다. 양복바지에 반 팔 와이셔츠만 걸치고 다녀왔다.

　샤워하고 거실에 앉아 있다가 갑자기 이참에 옷장을 정리해야 되겠다는 생각이 들었다.

직장 다닐 때 입었던 양복들이 옷장 안에 빼곡하다. 직업 특성상 매일 양복을 입고 근무해야 했기에 계절별로 입었던 옷들이다. 내 분신 같은 양복이다. 눈이 오나 비가 오나, 내가 출근하는 날이면 언제나 나와 함께 했다. 하지만 이제는 가끔 있는 지인의 경조사에나 소용되는 애물단지가 되어 버렸다. 그래서 몇 벌만 남기고 정리하기로 했다. 바지와 와이셔츠는 작업복으로 몇 개 남기고, 옷장에서 꺼내 수북이 쌓아 놓았다. 옷걸이에 나란히 걸려있는 넥타이도 몇 개만을 남기고 정리했다.

마침, 밖에 외출했던 아내가 들어오더니 "왜 갑자기 옷들을 꺼내 놓았느냐"며 눈을 크게 뜬다. 버리려고 한다니까 아깝단다.

물론 나도 아깝다. 이 중에는 어려운 살림살이에도 장만할 수밖에 없었던 사연 있는 것도 있고, 거금을 들여 장만한 옷도 있다. 넥타이는 특별한 날에 특별한 이들로부터 받은 선물도 있다. 그러나 이제는 그들과도 헤어져야 한다. 입지도 않으면서 언제까지 옷장 안에 가두어 놓고 있을 수만은 없지 않은가.

혹시라도 소용되는 사람이 있다면 그 사람과 또 다른 추억을 만들 수 있지 않을까?

헤어질 생각을 하니 서운하다.

차곡차곡 곱게 접었다. 점퍼와 양복이 족히 열 벌은 넘는다. 넥타이는 어림잡아 백여 개는 가까이 되는듯싶다. 두 팔로 끌어안았다. 한 번에 운반하기에 버겁다. 지나온 세월의 냄새가 난다. 그들과 나누었던 숱한 시간 들이 스치고 지나간다. 슬플 때도, 기쁠 때도 언제나 내 곁에서 함께 했던 것들. 이제 그 알맹이는 다른 껍질을 뒤집어쓰고 무정하게도 예전의 함께했던 시간과 추억을 버리려 한다. 볼품없는 나를 감싸안아 멋진 모습으로 변신시켜 주려 무진 애를 쓰던 그들. 추울 땐 내 몸을 포근하게 감싸안아 주고, 덥다고 아무렇게나 어깨에 둘러메도 서운타 불평 한마디 하지 않던 그들이다. 이제 그들과 헤어지려 한다. 그들을 끌어안고 현관을 지나 대문을 열고 헌 옷 수거함 앞에 발걸음을 멈춘다. 마구 구겨 넣기가 미안해서 하나씩 함 속으로 집어넣었다. 헌 옷 수거함은 허기진 하마처럼 잘도 받아먹는다. 마지막 남은 한 벌을 넣고 나니 마치 내 인생도 이젠 헌 것이 된 것 같아 서글퍼진다.

헤어지기 싫어서 '돌아와 줘!, 제발 돌아와 줘!'하는 외침이 들리는 것만 같아 돌아서는 발걸음이 무겁다.

필요한 것 외에는 가지지 않는다는 생활 방식인 미니멀라이프.

그 생활 방식으로 살고 싶지만, 이것도 필요하고 저것도 필요한 것 같고, 어떤 것은 특별한 사연이 있는 것이라 차마 버리지 못해 가지고 있는 물건들이 너무도 많다.

마음도 비우고, 불필요한 물건도 버리고 살면 오죽 좋으련만 그게 잘 안되니 답답할 노릇이다.

맺음말

　오랫동안 몸담았던 직장에서 퇴직하고 그동안 한 번도 누려보지 못한 한가하고 여유로운 시간을 즐깁니다. 예금통장의 잔고는 늘 빈약하지만, 시간이란 통장은 아직은 쓰고도 남을 만큼 풍족함에 빠져 있습니다. 언젠가 내 시간 통장에서 누군가가 몰래 인출할지는 모르지만 말입니다.

　이젠 모든 것에 익숙해, 새로운 것은 부담스럽게 느껴져 게으름을 피웁니다. 겨우 지금의 상태, 지금의 자리만 보전하려는 나를 발견합니다. 이러다가는 안 되겠다 싶었습니다. 시간 통장의 잔고가 바닥나는 날, 시간을 헛되이 소비했다 벌을 받을지도 모른다는 생각이 들었습니다.

　그래서 지난날 바쁘다는 핑계로 읽지 못했던, 읽고 싶었던 책들을 가까이하게 되었습니다. 마치 첩에게 빠져 멀리했던 본처 곁으로 슬금슬금 다가가는 못난 서방처럼 말입니다. 그러면서 자연스럽게 일기처럼 무언가를 끄적였습니다. 그냥 살아온 과정을 글로 남기고 싶다는 막연한 생각 때문이었습니다. 지나온 삶을 진솔하게 뒤돌아 보고 싶었습니다. 속절없이 사라져가는 기억의 조각들을 건져 올리고 싶었습니다. 그리고 무수히 많은 날을 지나왔기에 지금의 내가 있음도 깨달았습니다.

지나온 세월을 되짚어보니 낡은 일기장을 들춰보는 것처럼 민망하기도 했습니다.

얼떨결에 수필과 소설로 등단이라고는 했지만 언제나 글쓰기는 어렵습니다.

이번에 수필집 『사노라면』을 발간하면서, 발가벗고 대문을 나서는 것 같다는 생각이 들기도 하고, 그런 내 모습이 민망하기도 하지만, 결코 부끄럽다는 생각은 들지 않습니다. 다만 내 집에 찾아온 손님에게 아직 덜 익어 떫은맛이 나는 땡감을 내놓은 것 같은 마음이 들어 부끄러울 따름입니다. 그럼에도 제 글을 읽고, 단 한 사람이라도 공감하고 고개를 끄덕일 수 있는 이가 있으면 좋겠다는 작은 욕심이 있습니다. 언젠가는 잘 익어 달고 맛있는 홍시를 내놓을 수 있는 날이 올 수 있을 거라는 생각을 했습니다.

부족하고, 다듬어지지 않은 저의 글을 끝까지 읽어주셔서 감사합니다.

끝으로 이번 수필집을 발간할 수 있도록 지원해 주신 강원문화재단에 깊은 감사의 말씀을 드립니다.

2025년 5월

이주형